GÜTERSLOHER
VERLAGSHAUS

Gütersloher Verlagshaus. Dem Leben vertrauen

Joachim Fuchsberger

# Bis an seine Grenzen und darüber hinaus

Erinnerung an unseren Sohn Thomas

Gütersloher Verlagshaus

# INHALT

# UNSER SOHN

Danke, Tommy!

Er saß schräg vor mir, neben ihm auf dem Tisch zwei leere Flaschen Mineralwasser. Automatisch griff er nach einer, stellte fest, dass sie leer war, stand auf, um sich eine neue aus dem Kühlschrank in der Küche zu holen.

»Die Nacht wieder durchgemacht?«, maulte ich hinter ihm her.

Er grinste. Väterliche Einwürfe dieser Art nahm er nicht sonderlich ernst.

»Eigentlich nicht, vielleicht zu scharf gegessen.«

Die nächste Flasche war schon bald wieder leer. Sein Kopf fiel manchmal nach vorn auf die Brust, so als ob er plötzlich einfach wegschlaffte.

Nur kurz, dann war er wieder voll da.

Er schien nach so einem Wegschlaffen besonders aufgekratzt, als wollte er demonstrieren, dass er »gut drauf« ist.

»Keine Ahnung, wovon ich so müde bin«, sagte er.

Sein Durst regte einen Verdacht in mir.

»Geh rauf an unseren Medizinschrank, da sind Teststreifen. Pinkel mal über einen drüber!«

»Das Ding ist dunkelgrün geworden«, sagte er, als er zurückkam. Automatisch griff er nach der Flasche.

Es war so gegen 20.30 Uhr. Das Abendprogramm im Fernsehen war gerade angelaufen. Es interessierte uns nicht mehr. Der Hausarzt musste her.

»Bringt ihn ins Schwabinger Krankenhaus, ich sage denen, dass ihr kommt. Wir treffen uns dort!«

Ergebnis der Untersuchung: Unser Sohn Thomas ist hochgradig zuckerkrank.

»Juveniler Diabetes mellitus. Zur Stunde befindet er sich in einem Zustand kurz vor dem Koma.«

»Von der Nadel kommt er nie mehr los …«, sagt der Stationsarzt.

Es war im Jahr 1977. Diabetiker-Papst Professor Dr. Hellmut Mehnert, Chefarzt im Schwabinger Krankenhaus, bestätigte später den bedenklichen Zustand unseres Sohnes und versetzte uns in Angst und Schrecken. Thomas nahm die Nachricht relativ gelassen auf, ich stand da wie vom Donner gerührt, seine Mutter weinte.

Warum muss ausgerechnet uns das passieren? – Falsch! Ganz falsch! Es betrifft Millionen Menschen in der Bundesrepublik. Millionen Schicksale. Millionen Zuckerkranke, und noch mal Millionen, die noch gar nicht wissen, dass sie dazugehören. Für alle, die es erfahren, ist der Augenblick der Diagnose ein Schock. Viele zweifeln, ob sie es schaffen, ihr Leben, ihre liebgewordenen Gewohnheiten radikal zu ändern.

Man darf nicht mehr teilhaben an vielem, was Spaß macht. Ist das so? Nein und dreimal nein! Es ist nicht so. Diabetiker erliegen leicht dem Irrtum, sie seien unheilbar krank und ab sofort zu einem unendlichen Leidensweg verurteilt. In Wirklichkeit sind sie nur »bedingt gesund« – solange sie sich an das halten, was die vermaledeite Krankheit nun mal verlangt. Das hatte unser Sohn sehr schnell begriffen. Und er hat kein Geheimnis daraus gemacht. Anders als viele seiner Diabetes-Kollegen. Nein, er ging mit seiner Krankheit völlig normal um und machte es sich damit leichter. Kein heimliches Spritzen auf der Toilette. Ganz offen, am Tisch, auch mitten im Lokal. Sah ihm jemand dabei interessiert zu, grinste er zurück und meinte lakonisch: »Toll, was!?«

»Ich nehme nicht mehr Teil am Selbstmord mit Messer und Gabel« wurde zu seinem Gebot. Damit erfüllte er eine der Grundregeln, mit der man den Diabetes in den Griff kriegen kann. Wir alle mussten umdenken, umlernen. Kochen und backen zum Beispiel. Gundel ließ nicht locker, bis es ihr gelang, einen perfekten Kuchen ohne Zucker zu backen. Gar nicht einfach, glauben Sie mir.

Sehr schnell war klar, dass Tommy den falschen Beruf hatte. Das ungeregelte Leben eines Musikers war das Gegenteil von dem, was er brauchte. Er trieb das Problem auf die Spitze, wollte ein Globetrotter werden. Wollte die Welt kennen lernen, in all ihren Facetten, ihren Unterschieden zwischen Arm und Reich, zwischen Luxusgeschöpfen und Habenichtsen, zwischen über- und unterentwickelten Ländern und Kontinenten, zwischen Schwarz, Weiß und Gelb, zwischen Diktaturen und Demokratien. Er wollte ganz einfach wissen, ob er das schafft!

Wie war unser Sohn? Ich will ganz von vorne anfangen. An einem glühend-heißen Sommertag, es war der 5. August des Jahres 1957, habe ich zitternd die aufregendsten Stunden meines Lebens durchstanden. In einem Vorzimmer zum Kreißsaal der Wohlfahrtsklinik in Gräfelfing bei München. Als es – nach einem notwendigen Kaiserschnitt – endlich so weit war, legte mir die Schwester oder Hebamme, auf jeden Fall war sie sehr nett, ein in feinstes Weiß gewickeltes Bündel mit den Worten in den Arm: »Hier ist dein Vater!« Da war er, unser geplantes Wunschkind, für dessen Leben wir ab sofort die Verantwortung übernehmen sollten und wollten. Seine Mutter und ich waren keineswegs der Meinung, alle Babys sähen aus wie Winston Churchill. Wir fanden ihn richtig hübsch und wohl geraten. Und das war er auch – wenn wir allen, denen wir unseren Stammhalter stolz präsentierten, glauben durften. An seiner Entwicklung nahm selbst die Münchener Polizei Anteil. Die Beamten des Streifenwagens ISAR 1 kamen des Öfteren auf einen Kurzbesuch in unsere Wohnung im 9. Stock in Schwabing. »Kurze Kontrolle«, sagten sie, »ob alles in Ordnung ist mit eurem Neuzugang!« Zu zweit schlichen sie ins Kinderzimmer. Unser Sohn lag ausgestreckt auf dem Rücken, beide Ärmchen nach oben, friedlich schlafend. Plötzlich öffnete er die Augen, sah die über ihn gebeugten Ordnungshüter und grinste sie fröhlich an. Der Größere von beiden, ich glaube, er hieß Horst Lademann, richtete sich auf und meinte: »Na, der wird richtig. Grinst die Polizei frech an. Ich muss ihn gebührenpflichtig verwarnen, wegen widerrechtlichen Öffnens der Augen im Schlaf!«

Gundel und ich waren uns einig: Unser Sohn ist ein Teil von uns, ganz und gar, angewachsen sozusagen. Wo wir sind, wird auch er sein, wenn es möglich ist. Nur selten konnte ich »meine Familie« zu Filmproduktionen nicht mitnehmen. Das war nicht leicht, aber der Beruf verlangte es.

Meine Filmkarriere hatte gerade mit »08/15« und »Der letzte Mann« begonnen, Tommy war gerade mal zwei Jahre alt. Eines Tages erschreckte er uns zu Tode. Auf dem Balkon unserer Wohnung im 9. Stock stand er plötzlich auf seinem Dreirad, lehnte sich vergnügt über das Geländer und betrachtete begeistert den Verkehr auf der Leopoldstraße. »Nichts wie weg hier«, sagte Gundel, »lass uns ein Grundstück suchen, irgendwo im

Grünen. Er soll zu ebener Erde aufwachsen.« Wir fanden ein erschwingliches Waldgrundstück in Grünwald, bauten mit Hilfe der Bausparkasse ein »steuerbegünstigtes Wohnhaus«, in dem wir seit 53 Jahren auch heute noch wohnen.

Unser Thomas-Michael, genannt Tommy, entwickelte sich prächtig, stapfte mit größter Lust im Bauschlamm herum und meinte, seine kleine Sandschüppe schwingend: »Ich muss helfen!«

Wenn er später, auf der Terrasse, sein kleines Tretauto zum wiederholten Mal an die Wand gedonnert hatte, meinte er: »Die Reparatur ist kaputt!«

Bei einem Mittagessen im Restaurant auf der Zugspitze entfernte er empört die Petersilie auf dem Wiener Schnitzel mit dem Ausruf: »Ich ess doch keine Blumen!« Und als wir ihm hilfreich das Fleisch in kleine Portionen schneiden wollten, wollte er auch das »llleine!« Das war sein Lieblingswort und hieß natürlich »Allein!«

Schon als Kind wollte er alles allein machen. Der große Heinz Rühmann schenkte ihm eines Tages einen kleinen Koffer mit Spielwerkzeug. Hammer, Zange, Meißel, Raspel – alles aus Holz. Des Komödianten Dank für meine Hilfe, seinen Sohn Peter zum Piloten auszubilden. Aber unser Sohn hatte keine rechte Verwendung für das Geschenk. Bis wenig später Handwerker einen Schaden an einer Mischbatterie im Badezimmer reparierten, Wand an Wand mit Tommys Kinderzimmer. Entschlossen holte unser Sohn den Rühmann'schen Werkzeugkoffer und hackte fröhlich die Wand auf seiner Seite auf. Er wollte wieder »allein helfen!«.

Bei einem unserer gemeinsamen Luftausflüge in einer viersitzigen »Böl-

kow 107« rappelte das Flugzeug beim Start über die holprige Grasrollbahn. Tommy, noch keine vier Jahre alt: »Papi, dein Flieger klappert! Hast du einen Schraubenzieher dabei?«

Auch sehe ich ihn noch im Londoner Hyde Park, bei einem Konzert der Horseguards. Als Fünfjähriger stand er fasziniert vor dem Musikpavillon und dirigierte perfekt im Takt. Gundels Erbe. Von ihr hat er seine Musikalität. Mit zehn Jahren war er kaum vom Klavier zu vertreiben. Wer konnte damals ahnen, dass er ein erfolgreicher Komponist werden würde?

Gundel und ich wollten immer, dass unser Sohn an allem teilnimmt, was unsere Familie betrifft. Auch an Ereignissen, die sich kindlichem Verständnis entziehen. Zum Beispiel bei der Auflösung meiner verschuldeten Immobiliengesellschaft. Gundel machte ihm klar, dass wir so ziemlich alles verloren hatten, dass wir pleite waren. Ich saß am Schreibtisch und dachte über das Desaster nach. Tommy schlich sich an, ich hörte ihn nicht kommen. Plötzlich legte er seine Arme von hinten um mich: »Papi, Mami hat gesagt, dass wir jetzt arm sind. Du brauchst mir kein Taschengeld mehr zu geben!«

Mit zehn Jahren wechselte Tommy vom Albert-Einstein-Gymnasium auf die Munich International

School. Die war damals noch erschwinglich, und es war sicher die beste Entscheidung, was die schulische Ausbildung unseres Sohnes betraf. Bis zu seinem Tod hielt er Kontakt zu einigen seiner Klassenkameraden, die auf der ganzen Welt verstreut leben.

Neben der Musik entdeckte er bald die Welt der Fotografie.

Als Chefsprecher der Olympischen Spiele 1972 in München konnte ich ihm einen Ausweis besorgen, der ihm den Zugang zu allen Bereichen ermöglichte. Und das nutzte er weidlich aus – bis er Prinzessin Anne auf der Ehrentribüne zu nah auf den Pelz rückte und von Sicherheitsbeamten energisch zurückgepfiffen wurde. Da war er fünfzehn Jahre alt und erlebte mit uns die Schrecken des terroristischen Überfalls auf das olympische Dorf und den Tod der israelischen Sportler und der deutschen Polizisten.

Tommy wurde Gundel immer ähnlicher. Äußerlich: kleine Nase, große, blaue Augen. Innerlich: schnurgeradeaus, zu keiner Lüge fähig. Auch zu keiner diplomatischen. Er beschönigte nicht, sondern skizzierte mit scharfen Augen und scharfem Verstand. Irgendwo heißt es: »Vom Vater hat er die Statur, von Mütterchen die Frohnatur!« Was unser Sohn aber ebenfalls von seiner Mutter hatte, war der unbeugsame Wille, durchzusetzen und zu erreichen, was er sich vorgenommen hatte. Seiner Mutter vertraute er sich auch eher an als mir. Vielleicht wollte er mich während meiner Arbeit nicht mit seinen Problemen belasten, wenn er welche hatte.

Sicher gab es eine Zeit, in der er darunter litt, »der Sohn von …« zu sein. Wir haben uns darüber unterhalten. Bei diesen Gesprächen wurde immer deutlich, dass wir weniger als Sohn und Vater miteinander sprachen, sondern viel mehr als Freunde.

Als sich herausstellte, dass ihm die Munich International School keinen in Deutschland anerkannten Abschluss bieten konnte, also kein Abitur, ging er nach Beendigung seiner MIS-Schulzeit auf eine Vorbereitungsschule für ein Externes Abitur am Münchener Klenze Gymnasium. Trotz eines vollkommen anderen Lehrplanes machte er seine Reifeprüfung. Wir waren sehr stolz auf ihn.

Lange vor seinem zwanzigsten Geburtstag zeigte er deutlich, dass er seinen Kopf vornehmlich zum Denken benutzte. Er ließ keinen Zweifel daran, was er wollte, und zeigte vielleicht noch deutlicher, was er nicht wollte. Eine umfassende akademische Ausbildung auf dem Konservatorium war nicht seine Sache. Er wollte Musik machen und das tat er. Er gründete eine Band. Mit seinem Freund Camilo, einem hochbegabten Pianisten, ging er nach Boston auf das Berklee College of Music, um Jazz in seinem Ursprungsland zu studieren. Das führte ihn später zu seiner ersten aufwendigen Plattenproduktion mit amerikanischen Jazz-Stars in die Country-Music-Hochburg Nashville.

Als Pianist und Leadsänger lernte er das harte Musikerleben von der Pike auf kennen. Das ging schon los mit der Suche nach einem geeigneten Proberaum. Wer will schon so eine ›Radautruppe‹ in unmittelbarer Nähe haben? Das war Gundels und meine große Chance. Wir boten den Keller unseres Hauses in Grünwald als Probenstudio an. »Habt ihr eine Ahnung, was da auf euch zukommt?«

So weit es ging, ließen wir Decken und Wände in einem Kellerraum schalldicht abdämpfen, was sich allerdings nur teilweise bewährte. Schlagzeug, vor allem aber Bass und E-Gitarre dröhnten und vibrierten durchs Haus. »Sie sind weg von üblen Kneipen und von was weiß ich noch allem …«, sagte Gundel und spielte die behütende Käseglocke. Die Jungs waren begeistert. Sie begriffen ganz schnell, dass Gundel so eine Art »Bandmutter« war, die die jungen

Genies nach Strich und Faden verwöhnte. Und wir Alten spürten sehr schnell, wie wertvoll das Miteinander der Generationen für uns war. Das Verständnis füreinander begründete damals, vor dreißig Jahren, Freundschaften zwischen Jung und Alt, die bis heute, über Tommys Tod hinaus, Bestand haben.

Aus dieser Zeit im heimischen Keller, aus den Erzählungen der Jungs über die Schwierigkeiten und die vielen »Aufs und Abs« im launischen Musikgeschäft entstand vor allem ein fruchtbarer Gedankenaustausch zwischen Vater und Sohn. Tommy hielt mich »up to date«, was in der Szene los war, wer im Musikgeschäft den Ton angab, wer gut in meine Shows passen würde. Die Samstagabendshow »Auf los geht's los!« mit Stars aus der ganzen Welt war oft nach seinem Geschmack ausgerichtet. Mein Sohn hat mir zu großen Augenblicken in meinen Shows verholfen. Am Erfolg der zweihundertfünfzig ausverkauften Vorstellungen des Theaterstücks »Der Priestermacher« hatte seine Musik großen Anteil. So schrieb er auch die Musik zu einundzwanzig Dokumentarfilmen »Terra Australis«.

Danke Tommy!

Ein Musikproduzent rief eines Tages an: »Ich habe zwei Musiker auf der Suche nach Erfolg. Einen schwarzen und einen weißen. Tut euch zusammen und schreibt was!« Innerhalb von zwanzig Minuten war eine Idee geboren, die ein Hit in den Charts wurde: »Black and White!« Patrick Gammon und Thomas Fuchsberger traten als PATTO erfolgreich auf – bis … bis Patrick, vormals Pianist bei Tina Turner, ausflippte. Drogen und die Auswirkungen davon brachten dem interessanten Duo PATTO ein relativ schnelles und jähes Ende.

Es war seine kreative Zeit, in der er Filmmusiken, Themen für Fernsehserien und viele Titel für sich und andere Interpreten schrieb. Auch ich durfte als Texter für ihn arbeiten. Mit einem unserer gemeinsamen Titel, »Josephine«, belegte er 1981 Platz sieben beim Vorentscheid zum European Song Contest.

So erfolgreich er mit seiner Musik wurde, so wenig glücklich verlief seine Ehe, so unglücklich war er über die erzwungene Trennung von seinen Kindern. Er war verletzlich geworden. Umso stärker aber wurde der Zusammenhalt in der Familie.

»Ich war beim Arzt«, sagte er eines Tages, »ich soll mich wegen einer Darmgeschichte einer kleinen, unkomplizierten Operation unterziehen.« Aus dem kleinen, unkomplizierten Eingriff wurden acht Monate, in vier verschiedenen Krankenhäusern, mit einundzwanzig Eingriffen in Vollnarkose. Wir alle sind durch die Hölle gegangen. Hilflos mussten wir mit ansehen, wie unser Sohn immer weniger wurde, immer apathischer, wie er regelrecht verfiel. Wir wurden gerufen, um zu erfahren, dass er in einem kritischen Zustand ist. Wir hatten unbeschreibliche Angst, unseren Sohn zu verlieren. Aber auch da biss er sich durch. »Warum«, fragte er, als wir nach einem neuerlichen Eingriff an seinem Bett saßen und seine zitternden Hände hielten, um ihm unsere verbliebene Kraft zu geben, »warum kann DER da oben sich nicht entscheiden, ob er mich haben will oder nicht? Why doesn't HE make up his fucking mind?« Jeden Tag während dieses Martyriums wurde uns bewusst, dass unser Sohn ein Geschenk war, das man uns jederzeit wieder nehmen konnte.

Auch diese Prüfung überstand er. Aber während der langen Krankheit veränderte sich seine Lebenseinstellung. War sie bis dahin karriereorientiert, hatte er jetzt den Wunsch, so viel von der Welt zu sehen, wie denkbar und vor allem für ihn machbar war. Bei uns Eltern hat diese Zeit eine große Angst ausgelöst. Wenn er uns über seine Pläne unterrichtete, war stets die bange Frage: »Wird er von den Reisen in alle Teile der Welt, einer Welt voller Terroranschläge, Naturkatastrophen, Revolutionen, Flugzeugentführungen und was sonst noch alles auf unserem Planeten in Unordnung geraten ist, gesund zurückkommen?« Bei jedem neuen Plan kam von seiner Mutter die Frage: »Ist das nicht gefährlich?« Auf diese Frage war er immer gut vorbereitet. Mit nachsichtigem Lächeln versuchte er, mit möglichen und unmöglichen Argumenten unsere Sorgen zu zerstreuen.

Bei einem Gespräch, nicht lange vor seinem Tod, stellte er uns die Frage: »Wann hört ihr eigentlich auf, euch ständig Sorgen um mich zu machen? Ich bin dreiundfünfzig und steh doch schon recht lange auf eigenen Beinen.«

»Gut«, sagte seine Mutter, »ich verspreche, dich in Zukunft nicht mehr zu fragen, ob die nächste Reise gefährlich ist!«

Am 12. Oktober 2010 rief er an, er sei am 13. Oktober zu einem Podiums-
gespräch in der Akademie für neue Medien in Kulmbach eingeladen.
»Ich fahre nicht mit dem Wagen«, meinte er, »nach Kulmbach komme ich
schneller mit dem Zug.«
Gundel fragte nicht, ob das gefährlich sei.
Aus Kulmbach kam unser Sohn Thomas Michael nicht mehr zurück.

KUBA

# Als Diabetiker
# auf der Zuckerinsel

Die Republik Kuba ist ein Inselstaat in der Karibik und grenzt im Nordwesten bzw. Norden an den Golf von Mexiko bzw. an den Atlantischen Ozean und im Süden an das Karibische Meer. Der Archipel besteht aus der größten Antilleninsel Kuba und rund 4.195 kleineren und kleinsten Inseln. Da die Umrisse von Kuba entfernt an ein Krokodil erinnern, wird Kuba auch gern als der grüne Kaiman (spanisch: caimán verde) bezeichnet.

Hauptstadt: Havanna

Amtssprache: Spanisch

Größe: 110.860 km²

Einwohner: ca. 11,5 Millionen

Währung: Kubanischer Peso

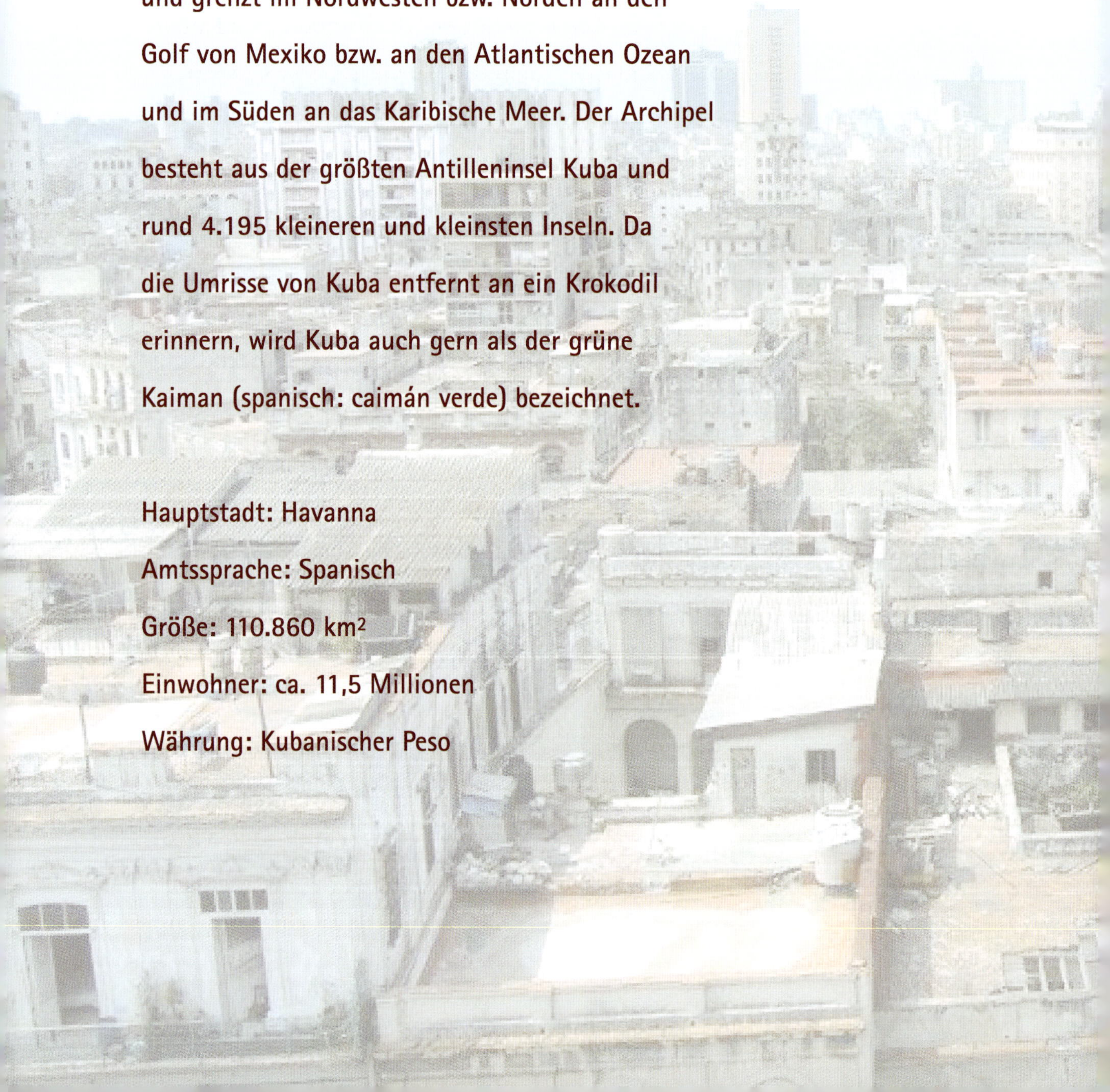

Wie gestaltet man als Diabetiker eine Reise auf die Zuckerinsel? Eine Insel, auf der jedem Einwohner, ob Groß oder Klein, pro Monat vom Staat drei Kilo Zucker per Essensmarken zugewiesen werden. Aus Erzählungen meiner Eltern weiß ich, dass es bei uns während des Krieges auch so was Ähnliches gab. Lebensmittelmarken. Und was ein rechter Kubaner ist, der kommt in der Regel mit drei Kilo Zucker pro Monat nicht über die Runden. Auf Kuba wird einem der Kaffee, ob man will oder nicht, mit so viel Zucker serviert, dass man glaubt, der Löffel bleibt aufrecht in der Tasse stehen. Und auf dieser Insel kennen die Einwohner die Blutzuckermessung eigentlich nur vom Hörensagen, oder wenn sie im Krankenhaus oder beim Arzt kundtun, dass sie irgendwie aus der Spur geraten sind. Erst dann erfahren sie, und das sicher zum ersten Mal, von der Existenz von Urinteststreifen, Blutzuckermessgeräten und Insulin. Diabetische Produkte oder Lightprodukte sind weitgehend unbekannt. Wenn du Glück hast, findest du in der Hauptstadt Havanna in wenigen Lokalen vielleicht so was wie eine Cola light.

Daher mein Rat: Kommst du nach Kuba, Fremder, heißt es messen, messen, messen – den Blutzucker, dreimal am Tag. Denn wer weiß, was alles so drin ist in dem, was du zu dir nimmst? Für Diabetiker ist die Zuckerinsel eine Herausforderung besonderer Art.

Dem schwarzen Zollbeamten auf dem Flughafen in Havanna gefällt aus unerfindlichem Grund meine Handschrift auf dem Einreiseformular nicht. Für 15 US-Dollar könne ich ein neues erwerben. Aber nicht bei ihm, sondern an anderer Stelle im Gebäude. Meinen Pass behält er. Wie sich herausstellt, ist

der mir zugewiesene Stand unbesetzt; auch auf Rufen und Klopfen keine Reaktion. Also stiefele ich zurück und schildere den Sachverhalt – in den süßesten Tönen, zugegeben. Man weiß ja nie. Der Zollbeamte atmet tief ein und aus, ein und wieder aus, und ich denke schon: »Wie schade, jetzt bin ich so weit geflogen und darf nicht rein ins Zuckerparadies.« Dann hört er plötzlich auf zu schnaufen, schaut mich eindringlich an und erklärt, er mache eine große Ausnahme und lasse mich einreisen. Weshalb er seine Meinung änderte, weiß ich nicht. Ob es schneller gegangen wäre, wenn ich, rein zufällig, ein paar Dollarscheine im Pass stecken gelassen hätte? Egal, immerhin bin ich jetzt im Land …

Im Hotel »Ambos Mundos« auf Hemingways Spuren. Es ist zu heiß im Hotel und es gibt kaum oder gar keine Diabetesprodukte. Wird wohl kompliziert werden.

Am Straßenrand hockt eine Alte. Wie ein Glorienschein umgibt sie die Armut. Aber sie macht den Eindruck einer alten Dame, vor allem wegen des Monsters von Zigarre, die sie zwischen ihren sicher dritten Zähnen hält. Ein gewaltiges Ding. Der Preis? Für mich als Nichtraucher, oder sagen wir mal, gelegentlicher Lustraucher, unschätzbar. Ich gebe ihr Feuer, sie grinst und bedankt sich mit einem Kuss. Der Dollar, den ich ihr zustecke, verschwindet im ausgedörrten Dekolletee. Dass ich jemanden, der gerade vorbeigeht, bitte, von uns beiden ein Foto zu machen, quittiert sie mit einem zustimmenden Grinsen. Dabei zeigt sie Lücken im Gebiss. Die Lücken in ihrem Leben vernebelt sie mit dem köstlichen blauen Dunst der aromatischen Havanna. Der Fotoapparat klickt – ich finde das Bild gut.

In der »El Floridita Bar« schlürfte Großmeister Hemmingway seine Daiquiries. Ob er als Gourmet auch das angegliederte Restaurant frequentierte, ist nicht zu ergründen – aber man serviert mir freundlich, man höre und staune, eine Diät-Cola. Ansonsten folge ich beeindruckt den Spuren von VIPs wie Steven Spielberg, Jack Nicholson und der Königin von Spanien. Sie alle sind im berühmten »Paladar La Guarida« eingekehrt. Der Schuppen ist wirklich originell. Teile des Films »Erdbeer und Schokolade« wurden an diesem Ort gedreht, hier braucht man keine mühsam auf alt gequälte Filmdeko, denn es ist ein Privatrestaurant in einem schon ziemlich maroden Gründerzeithaus.

Am nächsten Tag der zweite Schock. Ich werde überfallen! Der Scheißkerl schlitzt mir fünf Zentimeter Hals auf. Auf dringenden Rat der Ärzte, besonders aber auf Wunsch meiner besorgten Mutter, trage ich ein Amulett an einer dünnen, goldenen Halskette. Um einigermaßen sicherzugehen, dass man mich in einem Notfall nicht für besoffen hält, sondern an dem Äskulapstab, meinem Namen und der Inschrift »SOS-Diabetes« erkennt, dass ich Diabetiker bin und hoffentlich richtig behandelt. Der »Räuber« hatte einen festen Griff, zerrte mir mit der dünnen Kette eine ziemliche Schramme in den Hals. Vielleicht lebensrettenderweise riss die Kette. Das Stück mit dem Amulett blieb in meinem Besitz. Der Rest lag sicherlich am nächsten Tag schon bei irgendeinem Hehler. Der Erlös soll dem Angreifer möglichst viel

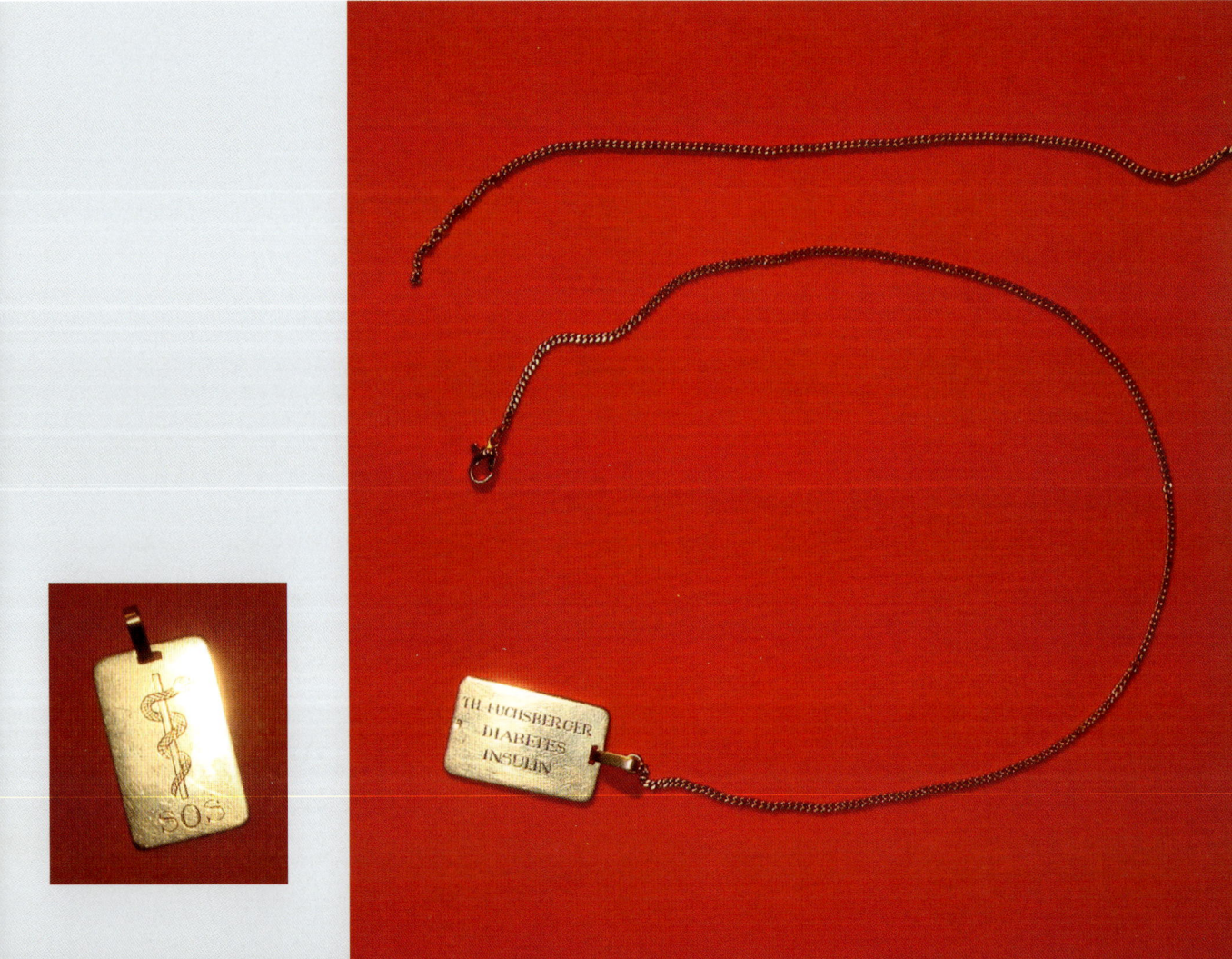

Verdruss bescheren. Havanna mag alles Mögliche sein, so sicher, wie mich einige vorher glauben machen wollten, ist die Hauptstadt der Zuckerinsel jedenfalls nicht mehr.

Kuba ist Musik, ist Rhythmus, ist Tanz. Am Abend sitze ich einer der markantesten Figuren der aktuellen kubanischen Musikszene gegenüber: X Alfonso. Immerhin ist er für einen Grammy nominiert. Ich habe die Ehre, mit dem Meister zusammen die weltberühmte Show kubanischer Tänzer, Sänger und Entertainer zu sehen, im »Tropicana«.

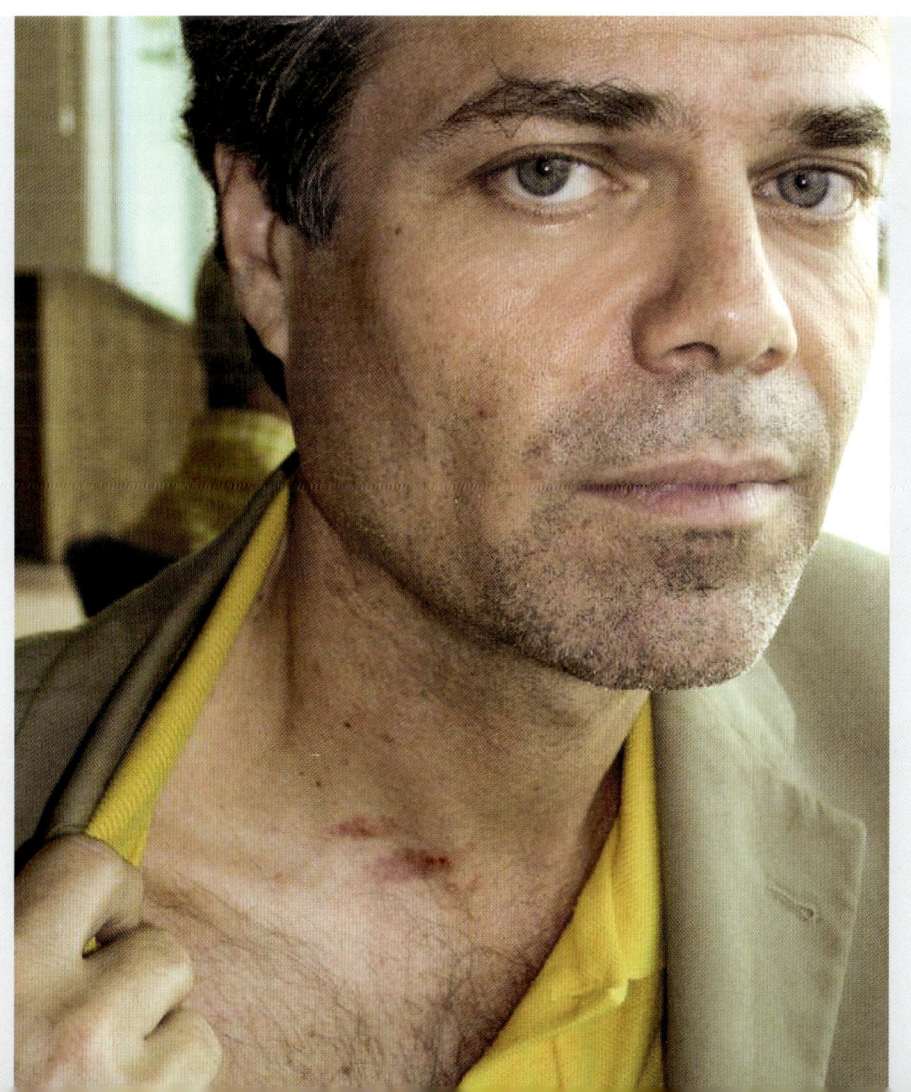

Über all dem Glanz dieser einmaligen Show ist dennoch der Schatten des amerikanischen Embargos zu spüren, das gegen Kuba verhängt wurde. X Alfonso bekam keine Ausreisegenehmigung in die USA, um dort seinen Grammy persönlich abzuholen. Tänzerinnen und Sängern wurden die Einreisevisa für die USA verweigert. Es könnte ja sein, dass es ihnen in der westlichen Welt besser gefällt und sie den Wunsch verspüren, dort zu bleiben. Geht es auf Kuba heute zu wie einst in der DDR?

Auch wenn die »Tropicana Show« das totale »Touri-Programm« bedient, dieses Spektakel ist ein absolutes Muss und gehört ganz einfach zu einem Havannabesuch. Wer die Show nicht gesehen hat, war nicht auf Kuba.

Kuba ist Tabak! Die Provinz Pinar del Río und das Viñales-Tal mit seinen magischen Kalksteinfelsen. Euin, so heißt der liebenswerte Tabakfarmer: klein, dünn, mit einem Gesicht, so verschrumpelt, wie ich noch keines vorher gesehen habe. Es ist wie ein Buch und erzählt von einem harten, entbehrungsreichen Leben. Mit kurzen, schnellen Schritten wuselt er vor mir her, zeigt mit Stolz seine Tabakfelder, erklärt die Kunst und die Schwierigkeiten des Anbaus. Ich kaufe ihm einige seiner prachtvollen, überdimensionalen Zigarren ab, obwohl ich nicht weiß, was ich damit anfangen soll. Ich qualme ja nicht. Aber wenn man schon mal mitten auf einem kubanischen Tabakfeld steht … Vielleicht nehme ich sie mit nach München und schenke sie denen, die mit solchen Genusswurzeln gern in der Regenbogenpresse irgendwelche Erfolge feiern?

Kuba ist Che Guevara. An jeder Wand, an jedem Zaun, an jeder Hausecke kleben die Plakate mit revolutionären Parolen. Für einen aufgeklärten Mitteleuropäer irgendwie antiquiert, altmodisch, unzeitgemäß – einfach out. Manchmal spüre ich: Nicht nur die Fremden empfinden so. Wirklich verehrt wird im Viñales-Tal José Martí, Dichter, Journalist und Freiheitskämpfer gegen die spanischen Eroberer.

Auf der Rückfahrt ins Hotel erzählte die Reisebegleiterin, dass sie während ihrer Schwangerschaft an Diabetes erkrankt war. Sie brachte Zwillinge zur Welt, wonach die Symptome der Krankheit verschwanden. Sie wusste jedoch auch um ihre Vorbelastung durch ihre Mutter, die Diabetikerin war. Da es auf Kuba nahezu unmöglich ist, Blutmessgeräte für den Hausgebrauch zu finden, sei bei ihr eine dringend nötige Blutzuckermessung immer wieder verschoben worden.

Am Abend im Hotel bot ich ihr meine Dienste mit meinem Messgerät an. Sie war überrascht, wie schnell, unkompliziert und schmerzlos die Prozedur vonstattenging. Der Messwert war 90 mg – also O.K. Große Begeisterung. Die private Aktion ging herum wie ein Lauffeuer. Jeder wollte wissen, was es mit diesem kleinen Wunderkästchen auf sich hatte und wie es funktioniert. Mein »Blutzucker-Messgerät« wurde zum Star, das Wort allein schien eine magische Wirkung zu haben. In den Augen der Gesprächspartner sah ich Staunen, Hoffen und so etwas wie Glauben. Sie

schienen dem zu vertrauen, was ich ihnen über meine Erfahrungen mit der heimtückischen Krankheit berichtete. Der äußere Zustand desjenigen, der ihnen da Geschichten über sich selbst erzählte, schien ihnen zu vermitteln: Der weiß, wovon er spricht, der lügt nicht.

# VANUATU

Das »Mallorca für
Australier« im Südpazifik

Vanuatu, ein souveräner Inselstaat im Südpazifik, dessen Inselgebiet sich über 1.300 km des Südpazifiks erstreckt und das zu Melanesien zählt. Dem Staat gehören 83 Inseln, davon sind 67 bewohnt und gehören überwiegend zur Inselgruppe Neue Hebriden. Die größten Inseln sind Espiritu Santo und Malakula. Bemerkenswert ist der aktive Vulkan Mount Yasur auf der Insel Tanna sowie der Lombenen auf der Insel Ambae.

Hauptstadt: Port Vila

Amtssprache: Bislama, Französisch, Englisch

Größe: 12.190 km²

Einwohner: ca. 243.000 Tsd.

Währung: Vatu

»Ich fliege nach Vanuatu!«

»Wohin?«

»Vanuatu!«

»Aha – wo liegt das?«

»Oberhalb von Neukaledonien!«

»A ja, klar – und wo liegt das noch mal genau?«

Keiner wollte zugeben, dass er weder von Vanuatu noch von Neukaledonien je etwas gehört hatte.

Kein Wunder. Deutsche kommen selten dorthin. Ganz einfach, weil es verdammt weit weg ist. Vanuatu, ein kleiner, souveräner Inselstaat im Südpazifik, bis 1980 eher bekannt als Neue Hebriden. Dreiundachtzig meist vulkanische Inseln bilden das Archipel. Seit zwei Jahrzehnten fliege ich zwischen Australien und Europa hin und her und wollte schon lange nach Vanuatu. Die schön gemalten Leitwerke der Air Vanuatu versprechen Licht, Luft, Sonne, Abenteuer. Der Flug von Sydney nach Port Vila, Hauptstadt von Vanuatu, dauert ungefähr drei und eine halbe Stunde. Wenn nichts dazwischenkommt. Es kommt aber öfters was dazwischen.

Für Australier ist Vanuatu ein bisschen so wie Mallorca für uns Deutsche. Aber was treibt die »Aussies« dorthin? Die Strände können es nicht sein. Nein, die Strände kannst du vergessen. Sind es die freundlichen Melanesier? Ist es der Service in den Hotels, deren Angestellte oft so tun, als verstünden sie jedes Wort Englisch? Natürlich stimmt das gar nicht. Sie sprechen lieber Französisch – und das wesentlich besser.

Ein Freund in Sydney klärte mich auf. Die Attraktion auf Vanuatu sei ein Vulkan auf der Insel Tanna. Und was bedeutet das? In der letzten Zeit wurde der Flugverkehr im südpazifischen Raum immer öfter teilweise oder auch ganz lahmgelegt. Nach Vulkanausbrüchen mit kilometerhohen Ascheauswürfen blieben viele Flugzeuge gezwungenermaßen am Boden. So ganz

genau wusste man nicht warum, man half sich mit der Begründung »Safety comes first!«.

Ein freundlicher Mitarbeiter im Hotel bot an, für uns Gäste einen Flug zu diesem Vulkan zu organisieren, mit allem Drum und Dran. Sollte das heißen, inklusive Ausbruch? Das könne er nicht garantieren, meinte er grinsend.

Für mich als Diabetiker war das aber besonders wichtig, ich fragte mich: Was mache ich, wenn ich plötzlich irgendwo strande? Wenn's nicht weitergeht, weil eine Aschewolke den Himmel verdunkelt. Wie lang kann so was dauern? Wie lange komme ich mit Insulin und dem Vorrat an Spritzen zurecht? Mann, das ist ungeheuer wichtig, du kommst sonst gewaltig ins Schleudern!

Bei Reisen in oder um die weite Welt ist für mich immer wichtig: Kleines Gepäck! Ich mache keine Luxus-, sondern Entdeckungsreisen und nehme nur mit, was ich unbedingt brauche. Alles, was ich benötige, um mit der verdammten Zuckerkrankheit um den Globus zu kommen. Allerdings gehört dazu auch was feines Schwarzes, für Einladungen. Beim Besuch eines Vulkans wohl kaum erforderlich, aber im Fall der Fälle bin ich gerüstet.

Die größte Schwierigkeit bei diesem Trip war die Sprache. Die Verständigung mit den Einheimischen. Auf Vanuatu sprechen sie Bislama, ein Kauderwelsch aus mehr als hundert lokalen Idiomen. Fred, ein hilfreicher Geist aus dem Hotel, besorgte einen Fahrer, der auch als Guide fungieren sollte. Dann organisierte er ein Treffen mit dem Boss von Unity Air, der uns endlich mit einer etwas klapperigen, zweimotorigen Propellermaschine nach Tanna flog. Das Vergnügen dauert normalerweise etwa eine gute Stunde. Doch schon vor dem Start goss es wie aus Kübeln. In der Maschine tropfte Kondenswasser von der Kabinendecke auf Passagiere und Piloten, so stark, dass erst mal Handtücher zum Abtrocknen verteilt werden mussten. Das fing ja gut an! Endlich kommt das »Start frei«. Der Anlauf auf der klitschnassen Startbahn dauert etwas länger, man beginnt automatisch den Hintern im Sitz anzuheben. Wir sind vom Boden weg. Aufatmen. Plötzlich geht ein Ruck durch den Flieger. Was ist los? Uns sechs Passagieren werden die Hälse etwas eng. Der linke Propeller hat aufgehört, sich zu drehen. Der Motor ist im Eimer. Was jetzt? Von meinem Vater, bei dem ich oft als Navigator mitgeflogen bin, weiß ich, dass es

kaum etwas Gefährlicheres gibt als einen Motorausfall beim Start. Kommandantin der Maschine war Alicia, eine blonde Mittzwanzigerin, ihr Co-Pilot war ihr Ausbilder. Robyn hieß er. So hatte er sich vor dem Flug vorgestellt, gab einige Informationen über sich und den vor uns liegenden Flug.

Über seine fliegerischen Qualitäten hielt er sich eher bedeckt – doch die waren gerade jetzt gefragt. Unsere fliegende Dusche neigte sich etwas nach links, dahin, wo sich der Propeller abgemeldet hatte. Aber mir war der Blick auf den angespannten Rücken von Kapitän Alicia jetzt wichtiger. Sie schien völlig ruhig und unbeeindruckt zu sein, zumindest sah das von hinten so aus. Sie setzte die Linkskurve fort und beendete sie mit einer »360°«, so nennt man in der Fliegerei einen Vollkreis. Die Landebahn vor uns sah aus wie eine schnurgerade Regattastrecke, auf der Alicia eine Notwasserung vorbereitete. Doch keine Spur von Aquaplaning, kein Ruck, als das Fahrwerk den Boden berührte. Sicher und sanft hatte uns die Erde wieder. Danke, Alicia!

Zurück in den Hangar. Nach drei Stunden Reparatur ertönt ein neuer Aufruf zum Start. Am Anfang waren wir sechs Passagiere, jetzt nur noch vier. Zwei Australier waren der Meinung, sie müssten den Vulkan auf Vanuatu nicht mehr unbedingt sehen. Auf der Insel Tanna angekommen, folgten nach dem klapprigen Flugzeug nun zwei reparaturbedürftige Pick-ups. Mühsam rüttelten und schüttelten sie uns auf den Mount Yasur zum Vulkan hinauf. Inzwischen war es stockdunkel, immerhin kamen wir mit vier Stunden Verspätung da oben an und waren sicher, nicht mehr viel zu sehen zu bekommen.

Schon von Weitem waren Donnergrollen und Zischen zu hören. Nach einem steilen Anstieg zum Kraterrand hinauf verschlug es dann allen die Sprache. Das war also der größte Vulkan der Erde! Was sich unseren Augen bot, war – der Superlativ sei erlaubt – einfach überirdisch. Vielleicht kam es aber auch direkt aus der Hölle, denn allein die Akustik ist furchterregend. Und wie sich erst das Inferno aus der Tiefe seinen Weg nach oben bahnt und dabei fauchend, zischend, brüllend, grollend glühende Lava, kochendes Wasser und Felsgestein vom Kraterrand in den Himmel kotzt. Beängstigend! Was, wenn sich plötzlich unter mir so eine glühende Kaskade ihren Weg nach oben bahnt und mich mitnimmt? Und was für eine Botschaft kommt da aus der Tiefe unseres geschundenen Planeten? Hat er langsam genug von den Misshandlungen, die wir ihm seit Beginn des Industrie- und Atomwaffenzeitalters permanent zufügen? Will der blaue Planet mitteilen, dass er genug hat von unseren unablässigen und ebenso unsinnigen Bemühungen, die Gewalten der Natur mit unserer technischen Genialität aufzuheben?

Dann wird der Boden unter meinen Füßen im wahrsten Sinne zu heiß und ich habe Hunger. Seit Stunden war Essen Fehlanzeige. Inferno hin, Inferno her, plötzlich verlangt mein Körper sein Recht – und das sofort! Aber woher nehmen und nicht stehlen? Für diesen Fall habe ich immer etwas dabei: ein Stück Traubenzucker, einen Schokoriegel, irgendetwas, das verhindert, dass ich in die Unterzuckerung rutsche und die Wahrnehmung verliere.

Alle stehen noch da wie gebannt. Keine Kamera kann die unbeschreibliche Kraft und Gewalt der Natur so erfassen wie das bloße Auge vor Ort. Aber die Chauffeure drängen nun zur Abfahrt. Sie wissen, was ihnen im einsetzenden Regen auf dem Weg nach unten bevorsteht. Ohne das Licht der glühenden Lava, in stockdunkler Nacht, schliddern wir auf glitschiger Piste abwärts. Unser Fahrer wischt sich fluchend den Schweiß von der Stirn. Er weiß, schon ein falscher Einschlag am Steuer und wir könnten sonst wo

landen. Dann kommt ein steiler Hang, der Fahrer gibt zu spät Vollgas und prompt bleiben wir hängen. Wir müssen aussteigen und die Karre beim Rückwärtsrollen links und rechts absichern. Anschließend heißt es wieder einsteigen, um Gewicht auf die treibenden vier Räder zu bringen. Wieder bleiben wir hängen. Was der Fahrer dazu sagt, verstehen wir glücklicherweise nicht, es klang nicht sehr freundlich. Beim dritten Anlauf klappt es endlich, der Pick-up ist befreit. Als wir endlich im Camp eintreffen, ist es schon nach 22.00 Uhr.

Den ganzen Tag hatte ich nichts gegessen, außer den mitgenommenen Nothappen. Dazu die Anstrengungen der Fliegerei und Fahrerei und das gigantische, aufregende Schauspiel des Vulkans in Action. Da freust du dich auf ein gutes Dinner und, jawohl, auch als Diabetiker, auf ein möglichst großes, möglichst kaltes Bier. Aber Fehlanzeige, stattdessen erwartete uns eine Tanzdarbietung mit anschließender Kava-Zeremonie. Was zum Teufel ist eine Kava-Zeremonie? Kava ist eine Pflanze aus der Gattung Pfeffer, aus dem westpazifischen Raum. Eben dort, wo der Pfeffer wächst. Dieses Höllengebräu auf leeren Magen sollte jetzt also meine Sehnsucht nach einem Bier stillen? No Way! Ich klemmte mich hinter unseren Guide und teilte ihm höflich, aber bestimmt mit: »Sorry, ich will niemanden beleidigen, aber ich steh jetzt nicht auf traditionelle Tänze, und wenn sie noch so gepfeffert sind. Ich muss jetzt was essen!«

Die australischen Tourteilnehmer erzählten mir später, als sie nach Tänzen und Pfeffergetränk endlich was zu essen bekamen, dass Kava eine beruhigende Wirkung habe und auf Lippen und Zunge eine gewisse Taubheit hinterlasse. Vom Geschmack her sei es eben Pfeffer. Gegen Mitternacht meinte Captain Robyn, Instrukteur unserer Pilotin, das sei doch ein wirklich interessanter Tag gewesen. Der Motorversager beim Start sei eine sehr ernste Situation gewesen, aber gerade noch mal gut gegangen. Shit happens. Darauf ein letztes Bier, prost!

Eigentlich ist alles gut und schön auf Vanuatu. Man könnte einfach wegdösen und fünf eine gerade Zahl sein lassen. Aber dann geschieht etwas, womit du nicht rechnest. Mit ein paar anderen zusammen flogen wir mit einer zweimotorigen Turboprop vom Typ Saab 340 auf die Insel Aitutaki, die an einer wundervollen Lagune liegt. Es ist eine Touristenattraktion, also machten wir eine Inselrundfahrt. Das Boot hieß »Honeymoon«, der Kapitän nannte sich »Captain Fantastic«. Und das war er auch, ein Multitalent am Ruder des Bootes ebenso wie am Grill. »Now I am Captain Cook«, scherzte er und zierte den Tisch mit Bananenblättern. Dann fuhr er auf: Körbeweise Salat, Tomaten, Gurken, Bananen, Brot, Melonen, Papayas und anderes mehr. Besteck gab es nicht. Man isst mit den Händen, oder, wie mein Vater zu sagen pflegt: »Mit Vaters Gabel«, womit er Daumen und Zeigefinger beider Hände meint.

Nach dem köstlichen Lunch, von Captain Fantastic mit einem Tischgebet eingeleitet und beendet, verstreuten sich die Paare. Ich hatte mir längst einen zünftigen Sonnenbrand eingefangen und blieb mit dem Kapitän allein. Beim Abräumen sagte ich zu ihm: »Sollte ich mich irgendwie seltsam benehmen oder auf deine Anweisungen falsch reagieren, ich bin Diabetiker. Würdest du bitte ein Auge auf mich haben? Vor allem beim Schnorcheln oder Schwimmen!«

»Mach dir keine Sorgen«, sagte er, »ich kenn mich aus, meine Frau war Diabetikerin. Sie hat mir beigebracht, wie heimtückisch diese Krankheit sein kann. Sie ist letztes Jahr wegen einer kleinen, unbeachteten Verletzung am Bein gestorben. Sie war erst achtundvierzig.«

Nach einer Pause: »Blutvergiftung, Unterschenkelamputation, epileptische Anfälle. Eine leichte Besserung, plötzlich ein Schlaganfall, das Ende.«

Er schwieg lange, dann sagte er leise: »Ich pass auf dich auf!«

Ich saß auf Honeymoon Island, am anderen Ende der Welt, und redete über

Diabetes und die Folgen, wenn man nicht ständig auf der Hut ist. Unter der Obhut von Captain Fantastic, in Wirklichkeit hieß er Andrew, fühlte ich mich auf diesem Teil meiner Reise wohl und geborgen.

Danke, Captain Fantastic!

# GUATEMALA

# Eine wunderbare Herausforderung

Auf der Landbrücke zwischen Nord- und Südamerika liegt Guatemala, eingerahmt von Honduras, El Salvador, Mexiko und Belize. Guatemala hat zwei Küsten, im Osten einen schmalen Zugang zum Karibischen Meer und im Südwesten die Pazifikküste. Im Zentrum von Guatemala liegt das Hochland. Mit einem der höchsten Vulkane Mittelamerikas, dem 4.220 m hohen Tajumulco, bildet es den kulturellen und bevölkerungsreichsten Mittelpunkt des Landes.

Hauptstadt: Guatemala-City

Amtssprache: Spanisch

Größe: 109.021 km²

Einwohner: ca. 12,7 Mio.

Währung: Guatemaltekischer Quetzal

Als akkreditierter Reisejournalist wird man gut behandelt. Man könnte auch sagen, dieser Kategorie von Touristen bläst man gerne Puderzucker in den Hintern. Einem Diabetiker sei diese Bemerkung erlaubt.

Guatemala hat erstmals zur neu gegründeten »Reisebörse« eingeladen. Journalisten aus ganz Europa haben die Chance wahrgenommen, Mittelamerika kennen zu lernen. Wir haben freie Wahl, welche der sieben Staaten Zentralamerikas wir bereisen möchten: Guatemala, Costa Rica, Nicaragua, Belize, Honduras, El Salvador, Panama. Wer die Wahl hat, hat die Qual. Ich entscheide mich für Guatemala und Costa Rica. Warum? Keine Ahnung, es geschah rein gefühlsmäßig.

In Guatemala begann das Programm mit einem Ausflug nach Antigua, von der UNESCO als Weltkulturerbe ausgezeichnet. Wir waren in der Regenzeit unterwegs und es schüttete wie aus Kübeln. Man muss dazu sagen, dass es in Mittelamerika nur zwei Jahreszeiten gibt: die Regenzeit von Anfang Mai bis Ende November und die Trockenzeit von Anfang Dezember bis Ende April. Danach reisten wir nach Guatemala-City, unter anderem mit dem obligatorischen Besuch der Kathedrale und des Nationalpalastes in der Altstadt. Dort lernte ich die erstaunliche Selbstverständlichkeit der guatemalischen Gastfreundschaft kennen. Zu jedem Drink jede Menge Leckereien. Ich bestellte ein Bier und bekam dazu Tacos mit Bohnenmus, einen Teller Kartoffelsalat und eingelegte grüne Chillies … !

Am dritten Tag flogen wir nach Tikal zu den archäologischen Wundern der Tempel und Pyramiden der Maja.

Obwohl es immer noch in Strömen regnete, schafften wir den Aufstieg zu einem wunderschönen Ausblick über die gesamten Ausgrabungen. Ein unglaublicher Anblick!

Auf dem Weg zum geplanten Mittagessen, ich wollte gerade meine Insulindosis spritzen, platzte plötzlich ein Vorderreifen unseres Busses. Gut, dass ich es noch nicht getan hatte, denn es dauerte eine ganze Weile, bis der Reifen gewechselt war und wir dann endlich unser Ziel erreichten. Unterzuckerung in der Pampa von Guatemala wäre eine Erfahrung gewesen, auf die ich gerne verzichtet habe.

Ein weiterer Höhepunkt dieser Reise war der Ausflug zum Atitlan See. Umringt von den drei Vulkanen Atitlan, Toliman und San Pedro ist er eine einzigartige Naturschönheit!

Von dort ging es weiter nach Chichicastenango, berühmt für den dortigen Maja-Markt und die St. Thomas Kirche, die einst über einem Maja-Tempel gebaut wurde und Kultstatus genießt.

COSTA RICA

Drahtseilakt im
Dschungeltakt

Ebenfalls in Zentralamerika liegt der Staat Costa Rica, benachbart von Nicaragua und Panama. Begrenzt wird Costa Rica im Osten durch die Karibik und im Westen durch den Pazifik. Die Geschichte Costa Ricas ist, für mittelamerikanische Verhältnisse, eine Geschichte des Erfolgs. Costa Rica ist der zweitgrößte Bananenlieferant und der weltweit führende Ananasexporteur. Das Land hat ein hohes Bildungsniveau, die Analphabetenquote ist mit 4,2 Prozent nach Kuba (mit 3 %) die niedrigste Mittelamerikas und eine der niedrigsten in Lateinamerika und den Entwicklungsländern.

Hauptstadt: San José

Amtssprache: Spanisch

Größe: 51.100 km²

Einwohnerzahl: ca. 4,2 Mio.

Währung: Costa-Rica-Colón

»Uh-uh-uh!!! Uff-uff-uff!!!« Alexander, der mir zugeteilte Guide, bleibt mitten im Urwald plötzlich stehen und fängt an zu brüllen. Ich schaue ihn besorgt an. Vielleicht hat er einen Hitzschlag? Sieht aber nicht so aus. Er wartet einen Moment, dann brüllt und grunzt er wieder aus voller Brust: »Uh-uh-uh!!! Uff-uff-uff!!!« – wobei er das uff wie »ph« mit Nasal ausstößt. Auf einmal bricht die Hölle los. Alexanders seltsame Laute werden von den rings um uns herum lauernden Brüllaffen mit ohrenbetäubendem Gegengebrüll beantwortet. Es ist eben so: Wie man in den Wald hineinbrüllt, so schallt es heraus!

In diesem Regenwald überrascht uns aber noch eine ganz andere Attraktion: Eine »Canopy-Tour«. Was das ist? Na ja, auf jeden Fall etwas für »Muffensausen« – oder etwas, bei dem einem »der A… auf Grundeis geht!« Zuerst kletterst du auf eine so um die vierzig Meter hohe Plattform. Um die Höhe zu verdeutlichen: Man stelle sich vier Zehnmeter-Sprungbretter übereinander vor. Oder auch die Klippenspringer in Mexiko. In dieser doch schon ziemlich luftigen Höhe zwängen sie dich in eine Spezialgurtvorrichtung. So ähnlich wie Fallschirmgurte. Das Wichtigste an dieser Zwangsvorrichtung ist ein beachtlicher Haken, an dem ab jetzt dein Leben hängt. Der Haken wird mit einem Drahtseil verbunden. Danach brüllt ein menschlicher Brüllaffe etwas Unverständliches, es könnte so etwas heißen wie »Auf geht's …«, und schubst dich über den Plattformrand ins Leere. Mit ungeheurer Geschwindigkeit rast du von einer Regenbaumkrone zur anderen. Die Abstände schätze ich auf bis zu siebenhundert Meter. Als Diabetiker empfehle ich dringend, vor diesem Abenteuer den Blutzu-

cker zu messen. Am Drahtseil über den Regenwald fliegend in Unterzucker zu geraten, das wäre das Letzte, was einem passieren könnte – im wahrsten Sinne des Wortes. Ich habe griffbereit ein Päckchen Traubenzucker in der Brusttasche. Bei einer »Regenbaumzwischenstation« werfe ich eine Traubenzuckertablette ein. Trotzdem fragt mich an der nächsten Station der »Auffänger«, warum ich so zittere. Es war keine Unterzuckerung, es war schieres »Muffensausen«!

Die weiteren Ziele meiner Costa Rica-Tour lagen an der pazifischen Küste, wo man am Strand von Flamingo einen ganz besonderen Service bietet. Ein Krankenhauspfleger verdient sich ein paar Dollar extra, indem er Strandläufern den Blutdruck misst.

Beeindruckend war auch ein kurzer Abstecher nach Nicaragua. Alexander hatte mich zu einem Fluss namens Rio Frio gebracht, der sehr nah an der Grenze liegt. Mit dem Boot fuhren wir zum See Nicaragua, dem größten See in ganz Mittelamerika.

Weitere Etappen auf unserer Reise waren noch Puntarenas, Guanacaste und Tamarindo. Ich sah Alligatoren, die sich im Fluss sonnten und Tukane, die sich auf den Bäumen im Regenwald an den Früchten labten. Ich erlebte Iguanas in freier Wildbahn und bewunderte in Muelle schwarze Strände, die durch Vulkanasche entstanden waren. Fazit der Reise: Mittelamerika war eine riesige Herausforderung für mich.

# AUSTRALIEN

# Einmal Känguru, bitte

Australien, der flächenmäßig sechstgrößte Staat der Erde, umfasst die Hauptlandmasse des Kontinents Australien sowie der vorgelagerten Insel Tasmanien und einiger kleinerer Inseln. Zu Australiens Außengebiete gehören auch die Norfolkinsel, die Kokosinseln, die Weihnachtsinsel, die Ashmore- und Cartierinseln, die Macquarieinsel sowie die Heard- und McDonaldinseln. Der australische Kontinent erstreckt sich über drei Zeitzonen, die Außeninseln liegen teilweise noch einmal in anderen.

Hauptstadt: Canberra

Amtssprache: Englisch

Größe: 7.692.030 km²

Einwohnerzahl: 22,3 Mio.

Währung: Australischer Dollar

Meine Reisen um den Globus – derzeit fehlen mir noch vierundzwanzig Länder – sind logischerweise immer von der Ernährungsfrage diktiert.

Es ist völlig unsinnig zu glauben, Diabetes schließe jegliche kulinarischen Freuden für den Rest des Lebens aus. Das Gegenteil ist der Fall. Für uns »bedingt Gesunde« ist das Beste, sagt man, gerade gut genug. Außerdem hat sich das Problem Essen fast ins Gegenteil verkehrt. Ende der 70er Jahre habe ich gelernt: Am Anfang des Tages eine vorgegebene Menge Insulin spritzen, mit der du für den Rest des Tages auskommen musst. Die Lebensmittelzufuhr hatte sich streng nach den Vorschriften zu richten. Heute geht das alles viel lockerer. Du kannst dir viel mehr leisten, auch mal etwas, das eigentlich auf dem Index steht. Mit dem entsprechenden Nachschub an neuem, schnell wirkendem Insulin kannst du das ausgleichen. Aber Vorsicht bleibt immer das oberste Gebot. Bei Diabetes gibt es keinen Freifahrtschein!

Die meiste Zeit meines Lebens bin ich unterwegs. Abhängig von dem, was in fremden Töpfen gedünstet, geköchelt und geschmort wird. Auf die Auskünfte der Chefs oder Kellner über die Zutaten kann man sich nicht unbedingt verlassen. Aber im Laufe der Jahre habe ich so eine Art siebten Sinn dafür entwickelt, was mir da vom Teller entgegenduftet. Ich kann nicht kochen, wie mein Vater, aber Kochbücher herausgeben und vor allem verdammt gut riechen und schmecken, das kann ich.

Als meine Eltern und ich vor fünfundzwanzig Jahren nach Australien kamen, hatten auch wir das Vorurteil, dass der fünfte Kontinent nicht gerade berühmt sei für seine kulinarischen Genüsse. Viel mehr als Lamm, dachten wir, wird da wohl nicht zu verkosten sein, und natürlich alles, was aus dem

Wasser kommt. Diese Annahme hängt wohl damit zusammen, dass die ersten Siedler vornehmlich Sträflinge aus England waren, bewacht und gepeinigt von Soldaten und Seeleuten, die kaum mehr als Brennsuppen und Pökelfleisch kannten. Unsere britischen Nachbarn sind ja auch nicht gerade als Gourmets verschrien.

Mich interessiert auf einer späteren Reise nach Australien vor allem, was wohl die Aborigines essen. Nun, zum Beispiel Maden, Schlangen, Wurzeln, Termiten, Früchte, Fisch, Krokodil, Känguru. Na gut, das muss ich ja nicht unbedingt alles der Reihe nach probieren. Maden, Schlangen, Termiten lass ich mal aus. Fisch liebe ich ohnehin schon immer. Aber wie wär's jetzt mal mit Känguru oder Krokodil?

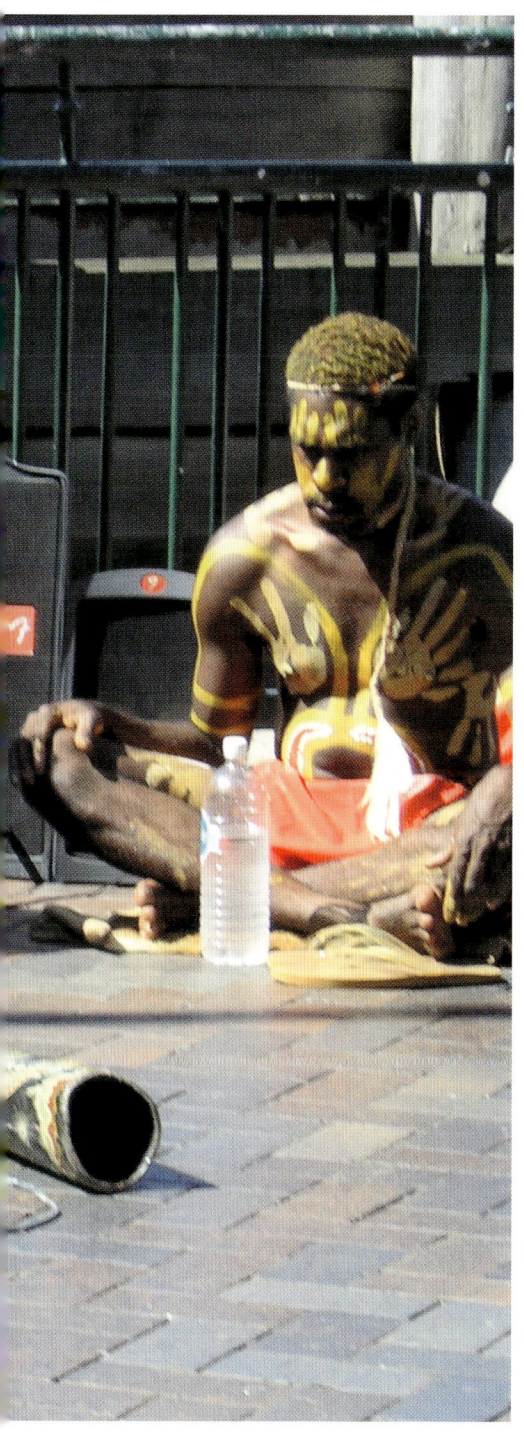

Kängurufleisch soll gesund sein. Sagt man. Nur warum gibt es dann unter den Ureinwohnern Australiens so viele Diabetiker? Ganz einfach – weil das Fangen von Krokodilen und Kängurus wesentlich unbequemer ist, als im »Convenience Store« einzukaufen. Und auch das Sortiment an Fast Food wird bei McDonald's, Burger King oder Kentucky Fried Chicken in Australien genauso gern verschlungen wie bei uns. Dabei werden wir alle immer dicker. Aborigines waren Jahrtausende lang an die natürliche Nahrungskette gewöhnt. Jetzt schleppen sie dicke Bäuche durch die Gegend, gefüllt mit Hamburgern, Cheesburgern, Pommes mit Ketchup und einem Liter Cola. Immer mehr Kinder, drüben wie hüben, sind zu dick, werden schon im Kindesalter Diabetiker, weil man sie nicht genügend über die Gefahren des Übergewichts durch Fast Food aufklärt. Weder in der Schule noch zu Hause bei ihren ebenfalls zu fetten Eltern.

Ich habe Kängurufleisch probiert. Ausgesprochen lecker.

Es ist fettarm und kann in vielen Variationen zubereitet werden. Man hat es mir als Gulasch, als Wurst, ja sogar schon als eine Art Leberkäse serviert. Nichts dagegen zu sagen. Auch Krokodilfleisch schmeckt hervorragend, wie eine Mischung aus Huhn und Fisch. Am berühmten Aussie-Barbecue mit ein paar Tropfen frischem Limettensaft – köstlich, sage ich Ihnen!

Als wir das erste Mal drüben ankamen, war es gar nicht so einfach, ein gutes Restaurant zu finden. Außerdem war es aus hygienischen Gründen verboten, im Freien zu servieren. Heute sieht es an vielen Orten Australiens aus wie an der italienischen oder französischen Riviera. Ein Straßenrestaurant am anderen. Die Konkurrenz steigert die Qualität. Die ethnische Vielfalt der Einwanderer aus anderen Kulturen bestimmt heute den Speisezettel der Australier. Ob Philippiner, Malaysier, Japaner, Chinesen, Thailänder, Inder, Kambodschaner, Burmesen oder Taiwanesen, alle asiatischen Küchen sind vertreten, und das denkbar gut. »Foothalls«, große Hallen mit unzähligen Ständen aller Nationen, sind beliebte Treffpunkte, an denen zur Mittagszeit Menschen aus allen Teilen der Welt eine schnelle, aber gut gekochte Mahlzeit zu sich nehmen, dabei Gedanken und Nachrichten austauschen, miteinander kommunizieren. In Sydney unterhält ein Freund mehrere Restaurants, die er »Bavarian Bier Café« nennt. Und alle gehen gut. Am besten aber geht sein gigantischer »Lowenbrau Bierkeller«, auf dessen Speisekarte Schweinswürstel mit Sauerkraut ebenso stehen wie ein Schweinskrustenbraten oder ein original Leberkäs mit Kartoffel-Gurkensalat. Dazu, nach Wahl, verschiedene bayerische Biere in original Maß- oder Steinkrügen. Sehr zum Wohl und guten Appetit!

# RUSSLAND

Skorpione
in Moskau

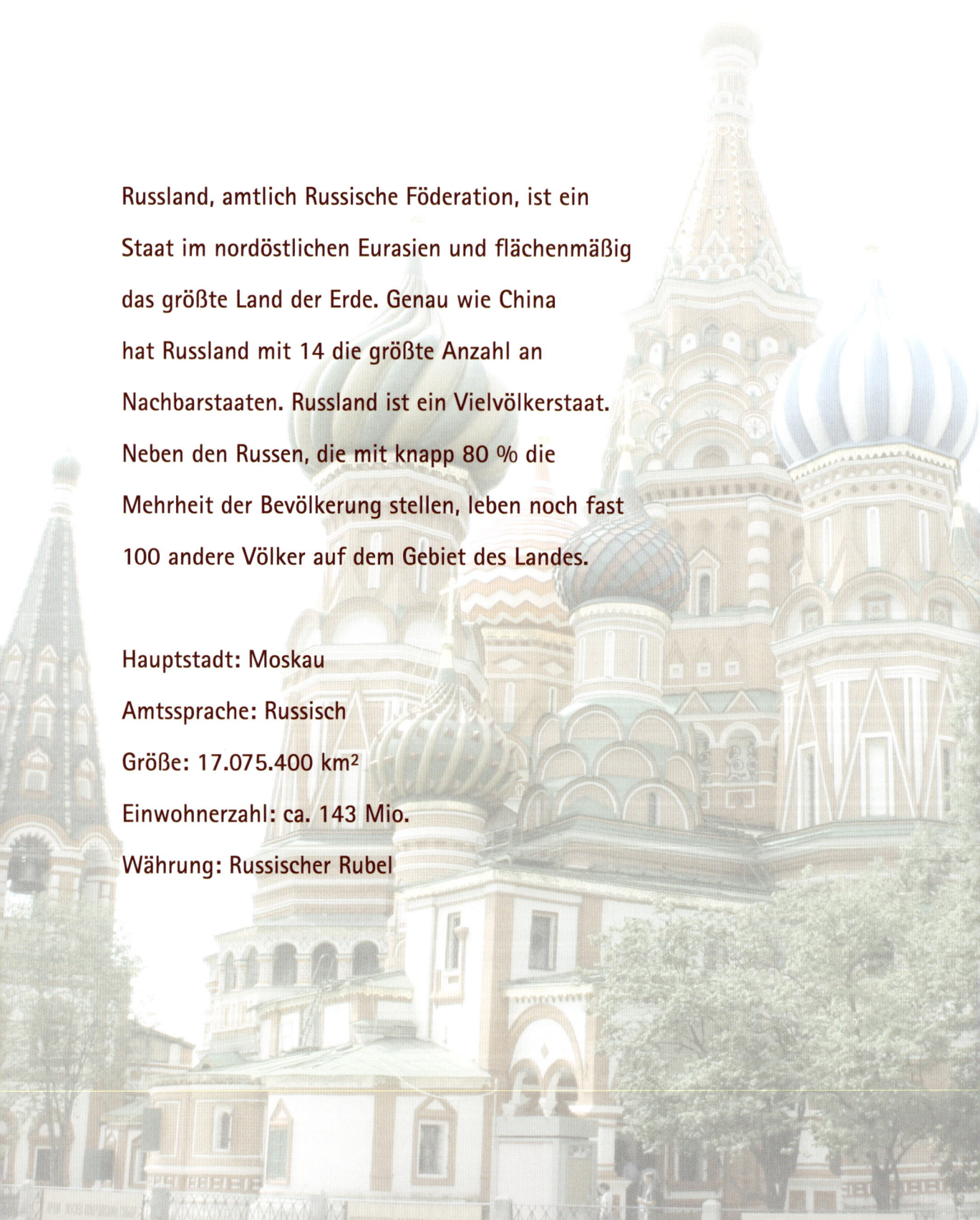

Russland, amtlich Russische Föderation, ist ein Staat im nordöstlichen Eurasien und flächenmäßig das größte Land der Erde. Genau wie China hat Russland mit 14 die größte Anzahl an Nachbarstaaten. Russland ist ein Vielvölkerstaat. Neben den Russen, die mit knapp 80 % die Mehrheit der Bevölkerung stellen, leben noch fast 100 andere Völker auf dem Gebiet des Landes.

Hauptstadt: Moskau

Amtssprache: Russisch

Größe: 17.075.400 km²

Einwohnerzahl: ca. 143 Mio.

Währung: Russischer Rubel

Eine mit blinkenden Goldzähnen reichlich bestückte Frau kommt meines Weges. Auf Englisch frage ich sie nach dem Weg zum Gorki-Park. Zur Antwort bekomme ich die Gegenfrage: »Sprechen Sie Deutsch?« Also wiederhole ich meine Frage auf Deutsch. Ihr verständnisloses Grinsen zeigt noch mehr blinkende Goldzähne. Kopfschütteln. Da geht also nichts. In Moskau wird die Verständigung schwer. Kaum jemand spricht Deutsch oder Englisch, jedenfalls nicht auf der Straße. Den Gorki-Park, die russische Version des Wiener Praters, finde ich dann auch ohne fremde Hilfe. Ein bisschen traurig das Ganze. Ohne Heuriger und ohne Charme. Ziemlich heruntergekommen. Ein paar windige Fahrgeschäfte und baufällige Buden, eine überdachte Eisfläche für Schlittschuhläufer. Na ja.

Fremde Städte lernst du am besten kennen, indem du sie dir »erläufst«. Ich hab mir schon einige Hacken krummgelaufen, dafür halte ich mich fit. Den Gorki-Park will ich eigentlich nur wegen des Liedes »Winds of Change« von den Scorpions besuchen. Der Welthit wurde zur Hymne der Perestroika und erwähnt auch den Gorki-Park. Die Jungs waren in Russland so populär, dass Präsident Michail Gorbatschow sie 1991 in den Kreml einlud. Ich hingegen stehe jetzt vor der Kremlmauer, am Ende einer langen Schlange, die darauf wartet, in abgezählten Schüben in die ehemalige Zarenresidenz eingelassen zu werden. Das ist der Unterschied.

Ein Mensch hält mir plötzlich ein Papier unter die Nase. Verdammt, hab ich was falsch gemacht? Man hat ja schon so einiges darüber gehört, was einem in dieser Gegend passieren kann. Der Mann muss wohl gesehen haben, was in meinem Gesicht vor sich ging. »Wollen Sie vier Stunden anstehen oder

mit mir in zehn Minuten im Kreml sein?« Perfektes Deutsch, das Papier ist ein »Tourguide«-Ausweis, der zugeflüsterte Preis akzeptabel. Sein Deutsch hat er zu DDR-Zeiten in Jena gelernt. Was er dort gemacht hat, sagt er nicht. »Ich heiße Vladimir. Bleiben Sie dicht hinter mir«, sagt er eindringlich und drängelt sich mit mir im Schlepptau unaufhaltsam durch die geduldig wartende Schlange. Ab und zu murmelt er etwas auf Russisch in die leicht verschreckte Menge. Keine Ahnung, ob es eine Entschuldigung für unser rüdes Verhalten ist oder die Ankündigung eines privilegierten Besuchers unter seinem Schutz. Jedenfalls machen alle Platz und in weniger als den versprochenen zehn Minuten stehe ich im Kreml. Gänsehaut!

Vladimir ist ein hervorragender Guide. Er weiß, wo einst Putin regierte und jetzt Präsident Medwedew das Sagen hat, was sonst aus Sicherheitsgründen streng geheim gehalten werde. Er weiß, durch welche Toreinfahrten die gepanzerten Limousinen der Herren Genossen in das Machtzentrum ein- und ausfahren! Warum frage ich mich die ganze Zeit, ob das alles stimmt, was mir Vladimir da an Geheimnissen unterjubelt?

Aber sonst: Moskau, eine Stadt, die brummt. In den Straßen auf der linken und rechten Spur endlose Autoschlangen, Stoßstange an Stoßstange, Staus ohne Ende. In der Mitte aber der immer freie Streifen, auf dem die Großkopferten in ihren Mercedes, BMW's und Audis mit Blaulicht auf dem Dach ihren Konferenzen, heimlichen Besprechungen, Repräsentationsessen, Amouren oder Korruptionsgeschäften entgegenbrausen.

Eine Fahrt mit der Moskauer Metro ist ein absolutes Muss! Lenin soll gesagt haben: »Die Bahnhöfe der Metro sind die Paläste für das Volk!«

Tatsächlich sind sie auch so gebaut: Lüster aus Kristall. Ob von Swarovski, weiß ich nicht. Statuen, Kunstwerke aller Art, geschliffener Marmor, höchster Luxus an allen Ecken und Enden.

Als neugieriger Tourist besuche ich das Hotel »Sovietsky«. Sehr alt, sehr traditionsreich, Residenz vieler Präsidenten, Showstars und anderer VIPs. Dem Hotel angeschlossen ist das »Yar«, ein Theater- und Ballsaal. Aufgeführt wird eine russische Revue, serviert werden Kaviar und Filet Stroganoff. Dazu original russischer Wodka. Und der reichlich. Klar, dass ich als Diabetiker mit den angebotenen Köstlichkeiten einen verträglichen Kompromiss schließe und einen perfekten »Russischen Abend« genieße. Russland ist erkennbar auf dem Vormarsch. Der Rubel rollt, leider aber nur für wenige. Vielleicht findet dieses gewaltige Land mit seinen freundlichen Menschen schließlich noch den Weg aus der kommunistischen Diktatur in eine funktionierende Demokratie. Wir Deutsche haben das doch auch geschafft! Doswidanja Moskau.

# LAOS

Sabai Dee
Luang Prabang

Laos ist der einzige Binnenstaat in Südostasien.
Er grenzt an China, Vietnam, Kambodscha, Thailand
und Myanmar. Der bedeutendste Fluss, der Mekong,
bildet auf einer Länge von 1.000 Kilometern die
Grenze zu Thailand und zu Myanmar. Laos ist ein
von Gebirgen geprägtes Gebiet, der höchste Berg ist
der Phu Bia mit 2.819 m. Eine große Gefahr und
ein Umweltproblem stellen Blindgänger dar, die aus
dem Vietnamkrieg stammen. Sie machen das Land
zu einem der Staaten mit den größten Mengen an
nicht explodiertem Kriegsmaterial im Boden.

Hauptstadt: Vientiane
Amtssprache: Lao
Größe: 236.800 km²
Einwohnerzahl: 6,8 Mio.
Währung: Kip

»Sabai Dee« heißt in Laos »Guten Tag, wie geht's?« Dabei hält man die gefalteten Hände, wie beim Gebet, vor Brust oder Kinn. Auch hier Unmengen von Touristen, die bei Tag und bei Nacht auf der Suche nach Mitbringseln durch die Märkte und Shops wuseln. In Luang Prabang, von der UNESCO 1995 zum Weltkulturerbe ernannt, fließen der Nam Khan und der Mekong zusammen. Dieses Weltkulturerbe gilt als Juwel der alten Königreiche in Südostasien. Einst war es Sitz des Königs von Laos. Tempel, antike Paläste, der ganze Charme französischer Kolonialarchitektur.

Natürlich bin ich als Diabetiker auf Reisen besonders an der Küche des Landes interessiert. Zumal in Asien. Delikatessen dort müssen nicht unbedingt nach europäischem Geschmack sein. Also studiere ich in Luang Prabang eingehend die ausgehängten Speisekarten. Am Ufer des Mekong laden Hunderte von Kneipen für wenig Geld zu vorzüglichem Essen ein. Es muss zwar nicht unbedingt Chilipaste mit Büffelhaut oder würziger Salat aus undefinierbaren Innereien sein. Aber bei köstlichen Curries mit Huhn in Kokosnuss oder Fleischspießchen mit aromatischen Gemüsen und Zwiebeln läuft mir das Wasser im Mund zusammen. Dazu ein Beerlao – könnte in Bayern gebraut worden sein, so gut ist es. Lao Whiskey schmeckt mild, Reisschnaps erdig. Fruchtsäfte werden prinzipiell frisch gepresst und so schmecken sie auch. Wasser sollte ausschließlich aus verplombten Flaschen getrunken werden. Davon habe ich zwar langsam genug, aber man will ja die majestätischen Sehenswürdigkeiten besuchen, und nicht mit Montezumas Rache auf dem Thron sitzen. Oder?

Zweiunddreißig große Tempelanlagen bilden das kulturelle und religiöse Zentrum des Landes. Wat Visoun, eine Tempelanlage mit buddhistischem Museum, der Tempel Wat Mai mit beeindruckenden Holzschnitzereien, die Stupa That Makmo und der goldverzierte Tempel Wat Sene sind absolviert. Den unbestritten stärksten Eindruck macht der Tempel Wat Xieng Thong aus dem 16. Jahrhundert. Wer keine Angst hat, in der Gluthitze die 342 Stufen auf den Mount Phousi hinaufzukraxeln, den belohnt ein atemberaubender Panoramablick auf die Stadt und die beiden Flüsse, Nam Khan und Mekong.

Aufregend waren die Bootsfahrten auf dem Mekong zu den Pak-Ou-Höhlen und zu den Kuang-Si-Wasserfällen. Diese rauschen Kalksteinfelsen herunter und landen in türkisfarbenen Becken, die zum Baden einladen. Über eine Brücke gelangt man zu einfachen Häusern ohne Strom, dafür aber mit Schlafzimmer, kleiner Küche, Papayas, Nüssen und Früchten, die hinter dem Haus wachsen. Man serviert uns in Bananenblätter gewickelten Klebreis mit Bohnen und dazu ein wasserfallgekühltes Beerlao. Außer dem Rauschen des Wasserfalles hört man nichts, rein gar nichts! Ich lasse mich fallen – ins Bett und im übertragenen Sinn!

Mensch, was willst du mehr? Ist das der schönste Tag dieser Reise? Aber da ist noch das Dorf Xieng Mene. Mit einer knatternden Barkasse über den Mekong kommt man an und fühlt sich mit einem Schlag hundert Jahre zurückversetzt. Alles – die Menschen, die Hütten, die Wege – alles erscheint unwirklich. Langsamer, bedächtiger als in unserer hektischen Wirklichkeit. Die Dorfgemeinschaft scheint in einer anderen Welt zu funktionieren. Jeder hilft jedem. Niemand schert sich anscheinend um den Tourismus um sich herum. Leider kann ich nicht bleiben, um zu erfahren, ob das wirklich so ist.

ECUADOR

Oktoberfest mit Coca Cola im Maßkrug

Ecuador ist eine Republik im Nordwesten Südamerikas, zwischen Kolumbien und Peru gelegen. Das Land ist nach der Äquatorlinie benannt, die durch das Staatsgebiet verläuft. Ecuador ist geographisch, topographisch, klimatisch und ethnisch eines der vielfältigsten Länder der Erde. Schon Alexander von Humboldt bemerkte vor 200 Jahren, dass die einzige Konstante in der Geographie Ecuadors seine Vielfalt ist.

Hauptstadt: Quito

Amtssprache: Spanisch

Größe: 258.238 km²

Einwohnerzahl: ca. 14,3 Mio.

Währung: US-Dollar

»Gelbfieber, Malaria, Taranteln … haben Sie vielleicht sonst noch was Niedliches im Angebot?« Ich frage mich, ob ich mir das wirklich antun muss. Aber jeder, dem ich von meinem Vorhaben erzähle, bietet sich an, als Kofferträger, Chauffeur, oder zu sonst einer unentgeltlichen Dienstleistung. Egal was, nimm mich nur mit!

Das Münchner Tropeninstitut klärt auf, schildert die Gefahren einer Reise in das Amazonasgebiet in Peru. Ziemlich drastisch. Meine Mutter vermutet, das sei doch sicher gefährlich. Und als Diabetiker besonders, meinen alle. Auf dem Ohr höre ich einfach schlecht! Also bekomme ich Impfungen und Seren gegen alles Mögliche. Die Spannung schwillt, die Brust von den Impfungen auch. Ein Notfallpaket mit Medikamenten wird an Ort und Stelle verschrieben. Außerdem empfiehlt man den Erwerb von Rucksack, Schlafsack, Mückenschutz, Kochgeschirr, Spezialunterwäsche, besonderen Tabletten und einem Mückenschutzmittel. Alles erhältlich in einem Münchner Spezialgeschäft für Abenteuerreisen in der Theresienstraße. Übrigens sollte ich auf dieser Reise von keiner einzigen Mücke gestochen werden.

Vor dem Abfertigungsschalter am Flughafen Franz Josef Strauß hat sich eine kleine Schlange gebildet. An der Gepäckwaage stapeln sich Rucksäcke. Einige der Abenteuerlustigen waren offensichtlich in diesem Spezialgeschäft. Ein paar ganz Verwegene sehen aus, als hätten sie bereits einen der kommenden 5000er erklommen. Von München geht es zunächst nach Madrid und von da nonstop nach Quito, der Hauptstadt Ecuadors.

Dort angekommen wartet am Gate jemand mit einem Schild, auf dem mein Name leicht verhunzt gekritzelt steht: »Mr. Fuschenburg«.

Es ist Walther, der mir zugeteilte Guide für Quito und Umgebung. Ob ich mich im Hotel ausruhen möchte? Nein! Dann entdecke ich überraschenderweise drei Musiker in original bayerischer Tracht. Es ist Oktoberfestzeit, das Hotel hat sie engagiert. Sie nennen sich »Boarisch Sunrise«. Das Hotel bietet während der »Wiesnzeit« Weißwürste, Haxen, Leberkäs mit Kartoffelsalat. Gestern bin ich in München auf dem Festwagen vom Nockherberg-Wirt Peter Pongratz mitgefahren, jetzt stehe ich drei bayerischen Musikanten in der Halle des Hotels in Quito gegenüber. Jeder hat einen Bierkrug in der Hand. Mit grimmigen Gesichtern strecken sie mir die Dinger unter die Nase: Es ist Coca Cola drin! »Seid ihr verrückt?«

»Naa, mir neet – aber die hier! Die ham morgen, am Sonntag, Wahl, deswegen hams übers Wochenend totales Alkoholverbot!«

Oktoberfest mit Coca Cola im Maßkrug? Nein danke!

Viel lieber gehe ich am ersten Abend in die Innenstadt von Quito. Seit die Stadt 1978 zum Weltkulturerbe ernannt wurde, gab es keine der sonst üblichen, modernen Bausünden mehr. Mit einer Ausnahme, wie so oft: die 1960 erbaute Stadtverwaltung auf der Plaza de la Independencia.

Ein architektonischer Alptraum aus Beton. Eine grobe Verletzung der wundervollen Harmonie der alten Gebäude – der Regierungspalast, gegenüber die wundervolle Kathedrale und die San-Francisco-Kirche, Baubeginn 1535 und damit erste und älteste Kirche von Quito.

Nach der ersten Nacht befällt mich Euphorie. Ecuador setzt sich aus vier unterschiedlichen Gebieten zusammen: Hochland, Küste, Amazonas und Galápagos-Inseln. Sie unterscheiden sich durch verschiedene Gebräuche, Gesetze, Sprachen. Entsprechend unterschiedlich leben die Menschen. Ich mache einen Abstecher zur »Hosteria La Cienega«. Einhundertfünfzig Jahre alte Eukalyptusbäume zieren die Auffahrtsallee. Stolz weist ein Schild darauf hin, dass Alexander von Humboldt im Jahr 1802 hier übernachtet hat. Wem danach ist, der kann das im Original erhaltene Schlafgemach für 150 US-Dollar besichtigen. Mir war nicht danach!

Der Sucre, die ursprüngliche Währung, hat den Zusammenbruch, den wir beim Euro befürchten, schon hinter sich. Der US-Dollar beherrscht das Land. Präsident Rafael Correa Delgado, ein strammer Sozialist, versucht mit der angesetzten Wahl eine neue Verfassung durchzusetzen. Sie soll ihm alle Rechte eines Alleinherrschers garantieren. Die Armen sind dafür, wer was hat, ist dagegen. Unbewohnte Zweithäuser sollen enteignet werden. Kommt mir irgendwie bekannt vor.

Wirklich abenteuerlich wird eine Fahrt mit dem »Chiva Express«. Dieses atemberaubende Gefährt bewegt sich auf 1902 erbauten Gleisen eher schlecht als recht vorwärts. Neben mir sitzt ein Bauingenieur aus Germany: »Die Gleise sind nicht mein Problem! Aber schauen Sie sich mal die Hänge an, an denen wir entlangfahren. Die können jeden Moment wegrutschen, und dann prost Mahlzeit …!« Auf Wunsch kann man sich auch einen mit Anschnallgurt gesicherten Platz auf dem Dach des »Chiva Express« leisten. Wie gesagt, man kann. Fragt sich nur, wie lange noch.

Irgendwann musste es wohl passieren. Schwierigkeiten mit der Kreditkarte. Bürokratischer Schwachsinn. Ärger im Hotel. Anruf in Deutschland. Ein paar gemäßigte Verbalinjurien, dann ging's. Merke: Reisender, wenn du in Ecuador bist, autorisiere deine Abrechnungen vorher per Telefon, sonst kommst du in »Trouble«!

# GALÁPAGOS-INSELN

Ruhig – frei –
glücklich

Die Galápagos-Inseln sind ein Archipel im östlichen pazifischen Ozean und gehören zu Ecuador. Die Inselgruppe besteht aus 14 größeren und über 100 kleineren Inseln. Die Inseln Santa Cruz, San Cristóbal, Isabela, Floreana und Baltra sind besiedelt. Die außerordentliche und einmalige Flora und Fauna der Inseln gehören zum Weltnaturerbe der UNESCO. Fast die gesamte Fläche der Inseln und der sie umgebenden Gewässer steht unter strengem Naturschutz.

Provinzhauptstadt: Puerto Baquerizo Moreno auf der Insel San Cristóbal
Amtssprache: Spanisch
Größe: 8.010 km²
Einwohner: ca. 35.000 Tsd.

Wunderwelt Galápagos. Nur eine begrenzte Anzahl von Touristen ist erlaubt. Ich bin zusammen mit 90 anderen Passagieren auf der »M/V Santa Cruz«. Mit allem, was schwimmt – Zodiacs, große und kleine Gummiboote mit großen und kleinen Motoren –, schippern die Gäste zu den verschiedenen Inseln. Um mich kümmert sich eine geradezu unheimlich gebildete Reiseführerin namens Rocio.

Auf der Insel Santa Cruz stolpern wir über die ersten Leguane. Im Abendlicht verwandeln sich mannshohe Kakteen in bizarre Gebilde. Spottdrosseln flattern unbekümmert in den Bäumen und um uns herum, die Silhouette des Drachenberges erhebt sich am Horizont. Eine mir bis jetzt unbekannte Welt nimmt mich gefangen. Hat so unsere Erde am Anfang der Schöpfungsgeschichte ausgesehen? War so das Paradies, bevor wir Menschen anfingen, es zielstrebig zu zerstören?

Am Abend finde ich auf dem Achterdeck der »M/V Santa Cruz« meinen Platz für den Sonnenuntergang – und einen Drink! Zeit zu reflektieren, was ich bisher erlebt habe und noch erleben werde. Ich habe das Gefühl, zu mir selbst zu finden.

Nach drei Tagen auf Galápagos, mit Schildkröten, Landechsen, Seelöwen, Blaufußtölpeln, Pinguinen, Krabben, Pelikanen und anderen Geschöpfen im Wasser, an Land und in der Luft fühlte ich mich plötzlich ruhig, frei, glücklich. Auf der Insel Bartolomé gehe ich ins Wasser, zum Schnorcheln. Plötzlich schwimmt neben mir, auf gleicher Höhe, ein Seelöwe. Ich glaube, er sieht mich an. Will er ein Wettschwimmen? Er weiß doch genau, dass ich keine Chance gegen ihn habe. Er bleibt neben mir. Allein, dass er mich in seinem Element neben sich duldet, macht mich glücklich und demütig.

Am letzten Abend auf Galápagos
schicke ich meinen Eltern eine E-Mail:
»Liebe Eltern! Es ist fantastisch. Nach
all meinen Erlebnissen spüre ich und
weiß ich, warum ich hier bin. Ich bin
im Paradies. Es ist ganz normal und
gleichzeitig grandios, zwischen all den
Tieren umherzulaufen und die Natur
zu trinken. Ich danke, wem auch
immer, dass ich das erleben darf.
Euer Tommy«

PERU

Faszinierende Orte
des Sich-Findens

Peru liegt im westlichen Südamerika und grenzt an Ecuador, Kolumbien, Brasilien, Bolivien, Chile und an den Pazifik. Der wichtigste Fluss in Peru ist der Amazonas, der größte See ist der Titicaca-See. Im Süden Perus an der Grenze zu Chile beginnt die trockenste Wüste der Erde, die Atacama-Wüste. Während im Norden des Landes die Anden nicht bis zur Schneegrenze reichen und sehr vegetationsreich sind, zeigen sie sich im zentralen Gebiet mit hohen Bergen mit ewigem Schnee und Eis.

Hauptstadt: Lima

Amtssprachen: Quechua, Aimara, Spanisch

Größe: 1.285.220 km²

Einwohnerzahl: 29,6 Mio.

Währung: Nuevo Sol

Verdammt und zugenäht! Gerade bin ich in Peru angekommen, in Lima, und meine Kamera gibt den Geist auf. Ein professionelles Geschoss, für viel Geld erst letztes Jahr erworben. Die Zweitkamera liegt auf meinem Schreibtisch in Grünwald. Sonst habe ich sie immer mitgenommen, für solche Fälle.

Warum, zum Teufel, dieses Mal nicht?

Im Kamerageschäft werde ich freundlich bedient, es hilft aber nichts. Die Kamera bleibt unbrauchbar. Ohne fotografische Ausbeute von Lima geht es am nächsten Morgen weiter. Um 06.00 Uhr früh fahre ich mit dem Bus zum Zug nach Machu Picchu. Eigentlich hätte ich noch zwei Tage Zeit, aber gute Geister haben mir zugeflüstert, dass ein Bahnstreik ins Haus steht, der genau in meine Reisepläne fällt. Also nichts wie weg! Auf nach Machu Picchu. Anderthalb Stunden dauert die Fahrt mit dem Bus. Der blaue Zug der »Peru Rail« wartet auf die Ankunft des Busses. Noch einmal dauert es anderthalb Stunden bis Aguas Calientes, ein kleines Bergdorf unterhalb von Machu Picchu. Der Name bedeutet »Alter Berg«. Was du zu sehen bekommst, verschlägt dir den Atem. Der neue Guide hat eine funktionierende Kamera dabei. Er bietet an, für mich zu fotografieren und eine CD zu brennen. Gerettet! Im Heiligtum der Inkas ohne Kamera, das würde mich umbringen. Egal aus welchem Winkel, Machu Picchu ist faszinierend. Der Guide quatscht und quatscht, dabei will ich nur sehen, fühlen, in mich kehren.

Wieder ein Ort des Sich-Findens!

Ich vergesse die Touristen um mich herum, die mit hochroten Köpfen die steilen Stufen hinauf- und hinunterklettern, verzichte auf die Möglichkeit, in vier Stunden den gegenüberliegenden »Wayna Picchu« (junger Berg) zu erklimmen. Auch die angebotene Sechs-Tage-Tour auf dem Inkapfad lass ich lieber sein. Übernachtungen im Schlafsack, im Busch, ohne Waschgelegenheit, WC oder andere hygienische Einrichtungen, dafür unkalkulierbare Abenteuer – nicht meine Sache. Für einen Diabetiker zu viel Abenteuer und zu wenig Komfort. Das geht vielleicht doch zu weit über meine Grenzen hinaus. Nein, da zünde ich mir doch lieber im Hotelzimmer ein gemütliches Kaminfeuer an und denke darüber nach, was für einen wundervollen Tag ich geschenkt bekommen habe. Allein fühle ich mich pudelwohl, ich bin glücklich. »Willkommen am Titicacasee!« Marlene, die mich für einige Zeit begleiten und beraten wird, steckt als erstes meinen linken Zeigefinger in eine Art Zange. Das Ding kenne ich schon von zu Hause. Ein Sauerstoffmessgerät. »92«, sagt sie, »das ist super. Ab unter 85 wird's eng, da brauchst du dann Sauerstoff aus der Flasche.«

Zwei Stunden Busfahrt, dann geht's auf den Titicacasee. »Du wirst staunen«, sagt Marlene. Und ich staune wirklich, als wir nach einer halben Stunde bei den Uros-Indianern an Land gehen. »An Land« trifft es nicht ganz, es sind eher kleine Inseln, auf denen die Inka-Abkömmlinge hausen. Aus Schilfrohrstangen bauen sie sich kleine Inseln. So stabil, dass sie ihre

Hütten daraufsetzen, in denen sie hausen. Strom gibt es nicht, fließendes Wasser auch nicht. Wozu auch, sie schwimmen ja auf dem See. Diese Menschen wissen, wie man mit und von der Natur lebt.

Marlene erklärt, dass die Uros das Blut von Kormoranen und Ibissen gegen Epilepsie trinken. Chemische Medikamente kennen sie nicht, alles, was sie zwickt oder ernsthaft quält, therapieren sie ausschließlich mit Naturheilmitteln. Wenn man diese Menschen in ihren farbenprächtigen Gewändern erlebt, wie sie ihre Inseln und Boote aus Schilfrohren bauen, wie ihre Kinder lachen und singen, kann man als degenerierter Mitteleuropäer eigentlich nur neidisch werden. Natürlich weiß ich, dass das bei uns nicht funktioniert, aber schön wär's schon! Zum Abschied singt mir die Familie mit Kind und Kegel auch noch ein Ständchen.

Nur schwer kann ich mich damit abfinden, dass ich nun ohne Kamera bin, weil meine nicht mehr zu reparieren war. Eines der schönsten Motive auf dieser Reise kann ich also nur in meinem Kopf behalten. Ich kann nur davon erzählen, aber man weiß ja, dass ein Bild mehr sagt als tausend Worte. Nach zwei Stunden auf dem Boot, das Uro-Ständchen noch im Ohr, erreichen wir das Titilaka-Hotel. Es ist ein ziemlich steiler Anstieg vom See hinauf zur Rezeption. Auf einmal wird mir ein bisschen schummerig vor den Augen. Marlene merkt das. Sie klemmt das Sauerstoffmessgerät an den Finger: Nur noch 78! Zehn Minuten Sauerstoffmaske, dann geht's wieder. Erst jetzt wird mir bewusst, dass wir immerhin fast viertausend Meter über dem Meeresspiegel sind. Der Titicacasee ist mit dreitausendachthundert Metern der höchste schiffbare See der Welt. Achtzehnmal größer als unser Bodensee, das »Schwäbische Meer«. Falls man Gewichtsprobleme hat, sollte man dorthin fahren. Jedenfalls war ich nach meiner Sauerstoffdusche wieder O.K., nicht aber mein Appetit. In der großen Höhe war er mir so ziemlich vergangen.

Nächste Station: Die Insel Taquile. Besuch bei einer Familie. Marlene erklärt mir die Bedeutung der Mützen, die von Männern gestrickt werden. In verschiedenen Farben und Formen, die alle ihre besondere Bedeutung haben. Letzter Test für die Mützenqualität ist der Wassertest, dabei wird die Mütze mit Wasser gefüllt. Lässt sie Wasser durch, hat der Mann die Prüfung als Hochzeitskandidat nicht bestanden und muss eine neue stricken. So hart sind dort die Bräuche. Die Familie lädt zum Essen ein: Es gibt »Quinua«, eine Art Getreidesuppe mit »Muña« (Minze). Das schmeckt so gut, dass ich um einen Nachschlag bitte. Zum Abschied bindet der Vater der Familie ein Freundschaftsband um mein rechtes Handgelenk. Ich bin gerührt und dankbar, das Band wird mich schützen. Leider nur zwei Tage lang, dann verliere ich es.

Drei Tage auf der »Aqua«, einem kleinen, aber feinen Amazonasschiff, sind als »luxuriöser« Abschluss der langen Reise gedacht. Das Schiff wurde 2007 gebaut und bietet zwölf Suiten mit großen Panoramascheiben, einen sehr hübschen Essraum und eine einladende Bar. Das Essen ist hervorragend, der Service vom Feinsten. Was will man mehr? Einer der Höhepunkte ist ein Landgang durch den Dschungel. Es ist heiß und stickig, der

141

Boden ist sumpfig. Der Guide bahnt den verschlungenen Weg mit der Machete. Plötzlich wird mir schwindelig. Jetzt bloß nicht umkippen! Ich suche Halt an einem Baumstamm, doch leider ist seine Rinde über und über gespickt mit messerscharfen und nadelspitzen Stacheln. Die stecken jetzt in meiner Hand. Die Scheißdinger scheinen Widerhaken zu haben, sie lassen sich nicht herausziehen. Ich blute. Endlich geht es zurück zur »Aqua«. Der Schiffsarzt entpuppt sich als kleiner Sadist. Mit einer desinfizierten Nadel macht er sich über meine geschundenen Finger her und puhlt grinsend einen Stachel nach dem anderen heraus, das tut sauweh. Nach fünf Tiefbohrungen langt es mir. Die restlichen Widerhaken sollen gefälligst von allein herauseitern.

Derart verwundet konnte ich gern auf weitere Unternehmungen verzichten. Die Stunden allein in der Kabine, während das Schiff langsam und fast lautlos mit der

Strömung den Amazonas hinunterschipperte, lernte ich besonders schätzen. Ich ließ die unverdorbene Landschaft in meine Netzhaut einbrennen. So wurde aus der Not eine Tugend, ich erlebte Momente auf dem Weg zu mir selbst.

Nicht ahnend, dass mir ein weiterer Schock bevorsteht, klettere ich in die Maschine der Iberia. Es geht heimwärts! Wir fliegen über Madrid nach München. Sechsundzwanzig Tage war ich unterwegs, mit geplanten und ungeplanten Abenteuern. Ich bin müde. Mit einem jüngeren Passagier, der relativ schnell erkannte, dass ich »der Sohn von …« bin, unterhalte ich mich in der Galley. Dabei muss ich wohl erwähnt haben, dass ich Diabetiker bin. Zum Glück! Nach dem Essen hat es mich erwischt, ich muss wohl zu viel Insulin erwischt haben. Auf einmal war ich weg. Total. Als ich wieder zu mir komme, stehen einige Passagiere um mich herum. Der Kapitän hat per Durchsage nach einem Arzt im Flugzeug gefragt. Ein Inder meldet sich und weiß nicht so recht, was er mit mir machen soll. Mein junger Gesprächspartner aus der Bordküche sagt ihm, dass ich Diabetiker bin. Was für ein Glück! Der Arzt verpasst mir aus seiner Tasche eine Glukose-Infusion. Ziemlich schnell komme ich aus dem Unterzuckerungsschock heraus, eine Cola tut ihr Übriges.

Die Besatzung hat sich ganz vorbildlich um mich bemüht, aber nach der Landung in Madrid ließ sie mich nicht aussteigen. »Warten Sie bitte bei uns an Bord auf den Notarzt. Nur der kann entscheiden, ob Sie weiterfliegen können!« Wenig später nehmen mich vier Männer in die Mangel. Die sehen alle aus wie Ärzte. Einer sticht mir in den Finger, misst den Blutzuckergehalt. Ein anderer bindet die Blutdruckmanschette um den Oberarm. Beide stellen fest, dass ich mit Blutzuckerwert 145 mg und Blutdruck 125/75 fast wieder normal bin. Eine schriftliche Bestätigung erlaubt den Weiterflug nach München.

Das ist mir in zweiunddreißig Jahren Diabetikerdasein zum ersten Mal passiert – und hoffentlich auch zum letzten Mal.

JORDANIEN

Welcome
to Jordan

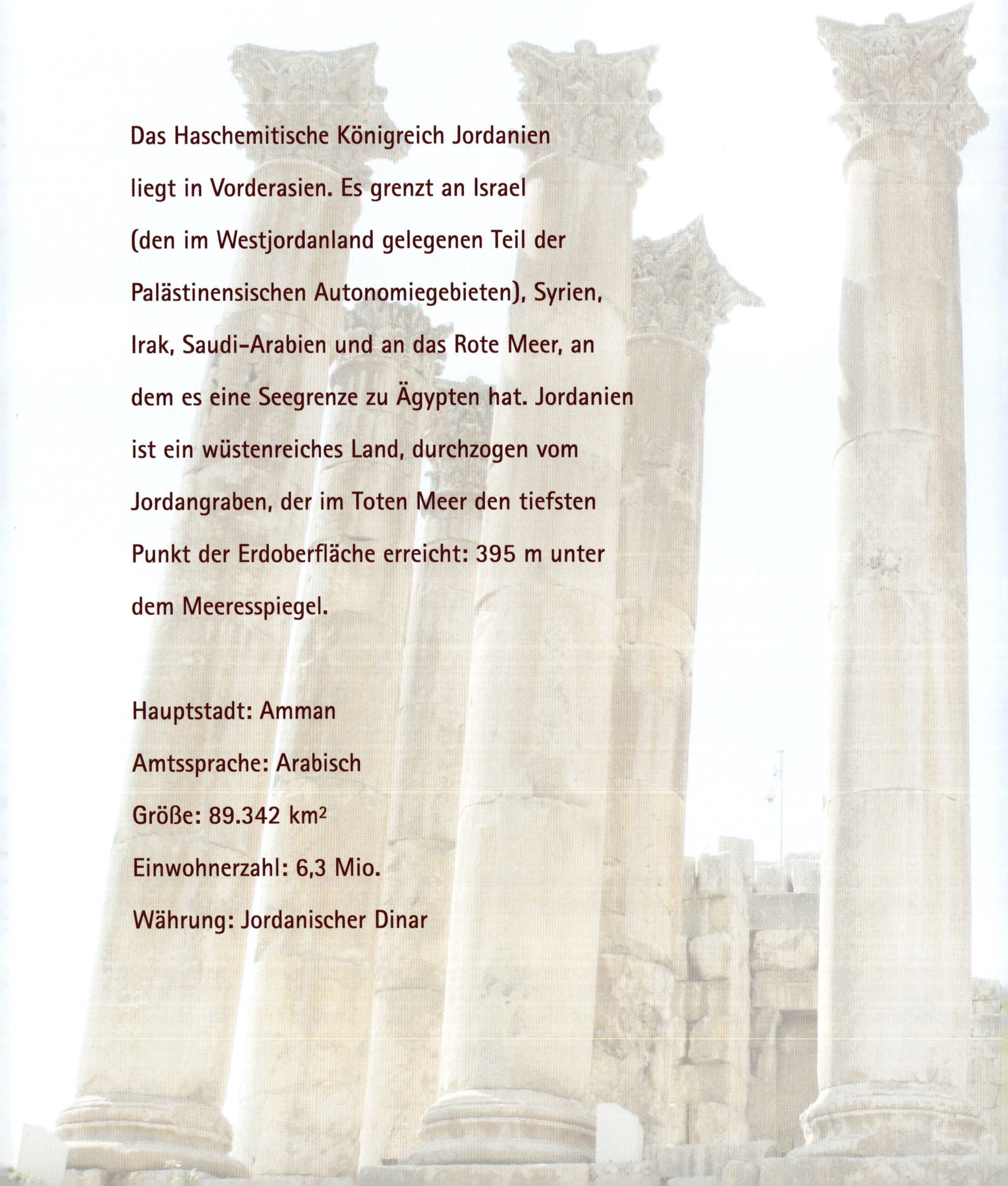

Das Haschemitische Königreich Jordanien liegt in Vorderasien. Es grenzt an Israel (den im Westjordanland gelegenen Teil der Palästinensischen Autonomiegebieten), Syrien, Irak, Saudi-Arabien und an das Rote Meer, an dem es eine Seegrenze zu Ägypten hat. Jordanien ist ein wüstenreiches Land, durchzogen vom Jordangraben, der im Toten Meer den tiefsten Punkt der Erdoberfläche erreicht: 395 m unter dem Meeresspiegel.

Hauptstadt: Amman

Amtssprache: Arabisch

Größe: 89.342 km²

Einwohnerzahl: 6,3 Mio.

Währung: Jordanischer Dinar

Ein jordanischer Beduine wird von einer Schlange in den großen Zeh gebissen. Er weiß, dass er sterben wird, wenn er nicht sofort ein Gegenserum spritzt. Gegenserum hat er aber nicht. Er hat nur seinen Dolch im Gürtel. Um zu überleben, schneidet er sich den großen Zeh ab. Die Wunde bedeckt er mit heißem Wüstensand und stoppt damit die Blutung. Er überlebt. Als er die Geschichte erzählt, wird er nach seinem Alter gefragt. Er meint, er sei über einhundertzwanzig Jahre alt …! Wie der alte Mann aussieht, würde man ihn für kaum mehr als achtzig halten.

Diese Geschichte aus einer TV-Dokumentation über Jordanien macht mich neugierig auf das Land, egal, ob sie wahr ist oder nur gut erfunden. Zufall oder Fügung? In meinem Heimatort Grünwald lerne ich kurz darauf eine bezaubernde Halbjordanierin kennen: Leila. Der Bruder ihres Vaters lebt mit Familie in Amman, der Hauptstadt Jordaniens. Leila empfiehlt die ganze Sippe als Anlaufstelle für Amman – Vater, Mutter, Cousin Fadi und seine Schwester Tamara, ein Samuel und dessen Frau und wer sonst noch dazugehört. Den Eltern teile ich mit, wohin die nächste Reise gehen soll. Betretenes Schweigen. Zugegeben, der mittlere Osten ist nicht gerade die friedlichste Gegend. Berichte in den Printmedien und Reportagen in Fernsehnachrichten ermutigen auch nicht gerade dazu, ohne zwingenden Grund in diesen zerstrittenen Teil unserer Welt zu fliegen.

Die halbe Sippe steht am Gate in Amman, und zwar am richtigen. Nur das Flugzeug hat am falschen Finger angedockt. Ein sehr junger, sehr höflicher Flughafenangestellter meint, unser Gepäck würde jetzt an unserem Gate ankommen, sollte jedoch jemand auf uns warten, würden diese Personen

am falschen Gate stehen. Nachdem mein Koffer angekommen ist, mache ich mich also zum anderen Gate auf und werde dort prompt von einer jungen Jordanierin angesprochen: »Thomas?« – Geschafft! Glück gehabt, wir haben uns gefunden, obwohl ich am falschen Gate ankam. Der nette Jordanier vorher meinte, das wäre typisch für Jordanien, man wolle den Fortschritt, würde aber immer wieder in rückständige Verhaltensmuster verfallen. Im Elternhaus von Fadi und Tamara biegt sich der Tisch unter jordanischen Köstlichkeiten. Was da als Willkommensdinner aufgefahren wird, hätte für die ganze Reise gereicht. Alles köstlich, aber zu fett. Die Familie ist bemüht, mir lauthals und alle durcheinander die Pläne für meinen Aufenthalt mitzuteilen. Die Jungen wollen die »Szene« herzeigen, die Eltern die Altstadt und die ernstere Seite der politischen Lage Jordaniens. Diese friedliche Insel mit Grenzen nach Israel, den palästinensischen Autonomiegebieten im Westjordanland und den Irak hat da so einiges zu bieten. Aus der Altstadt führt eine Straße auf eine Anhöhe. Wir blicken wie beim Sightseeing hinunter auf eine Flüchtlingsstadt, in der einhunderttausend Palästinenser darauf warten, irgendwann in ihre Heimat zurückkehren zu können. Wenn man sich auf dieser Anhöhe umdreht, sieht man die römische Vergangenheit Jordaniens und das beeindruckende Amphitheater von Amman.

Es folgt ein ausgedehnter Bummel durch die faszinierende Altstadt. Altstädte, glaube ich, sind immer interessant. Trotzdem meldet sich der Magen. Man führt mich in eine Kneipe, in der angeblich König Abdullah II. zweimal im Monat seinen Gaumen verwöhnt. Die Wände des Etablissements sind mit Bildern Seiner Majestät gepflastert. Man serviert Humus, Falafel, sehr pikante, vegetarische Soßen und in viel Fett herausgebackene Bällchen. Aus was diese bestehen, bleibt das Geheimnis des Wirtes und meiner Gastgeber. Fest steht

auf jeden Fall: Seine Majestät König Abdullah II. weiß, wo's was Gutes gibt!

Nächster Morgen, Jerasch steht auf dem Plan. Bevor es losgeht, verschwindet Rawan im Haus. Mit einem Tablett kommt sie zurück, vollgepackt mit frisch aus dem Ofen geholten Teigtaschen, gefüllt mit Spinat, Käse und Zwiebeln. Natürlich in viel Fett gebacken. Ihre Mutter, in Schürze und Kopftuch, meint: »Nach Jerasch sind es fast zwei Stunden, da braucht der Mensch was zu essen!« Im Wagen haben Fadi und Rawan für weitere Überlebensrationen gesorgt: Kekse, verschiedene Getränke, Süßigkeiten. Ich glaube, sie wollen Jordanien als Schlaraffenland verkaufen.

Jerasch ist ein riesiges Areal römischen Ursprungs mit zerfallenen Amphitheatern, Tempeln und Kathedralen. Seltsam hören sich die Töne eines Dudelsacks an, die von irgendwoher kommen. Rawan meint mit unüberhörbarem Stolz: »Der Dudelsack ist eine jordanische Erfindung! Hat mit Schottland oder Irland nichts zu tun!«

Am Abend möchte ich todmüde ins Bett. Aber nichts da.

Um 22.30 Uhr schleppen sie mich ins »Fashion Cafe«, um eine »Shisha« zu rauchen. Eine Wasserpfeife. Für mich haben sie eine besondere Tabakmischung aus Früchten. Riecht angenehm und sehr aromatisch. Gar nicht übel. Aber Tamara verdirbt mir den Genuss mit der Bemerkung: »Eine Wasserpfeife entspricht einer ganzen Packung Zigaretten.« Dann besser nicht. Aber herzlichen Dank der ganzen Sippe für ihre überwältigende Gastfreundschaft!

Zwei Tage später. Auf dem »Highway der Könige« in die Wüste »Wadi Rum«. Wadi heißt das Tal, Rum entstammt dem Begriff »Eram« aus dem Koran und bedeutet »hoher Platz auf freiem Gebiet«. Frei übersetzt könnte man sagen: Wadi Rum – Hoher oder heiliger Platz im weiten Tal. Die Landschaft macht die Augen besoffen, Kameras fangen an zu glühen. Es sind viele Menschen da, zu viele für meinen Geschmack. Nicht aber für die Touristikindustrie, und die boomt.

Am nächsten Tag geht es endlich in die Felsenstadt Petra! Sicher der Höhepunkt der Reise. Petra bei Tag und bei Nacht. Hier herrscht noch hektischeres Touristentreiben. Kameltreiber dienen einem ihre hochgewachsenen Schaukelstühle an, die dich mit schäumenden Mäulern anglotzen. Mit dem Eintrittsgeld für die Sehenswürdigkeiten bezahlt man gleichzeitig einen Kamelritt, ob man will oder nicht. Der mir zugeteilte Guide ist Experte für Felsenkletterei, Extremwandern, Wüsten-Überlebenstraining und anderes »Entertainment«. Das Kraftpaket hört auf den Namen Tal'at und schleift mich bei sengender Hitze bis zur Erschöpfung durch alle Petra-Highlights. »Schau nach unten«, sagt Tal'at plötzlich, »ich zähle von zehn auf null, erst dann schaust du wieder nach oben! O.K.?« Was soll der Countdown? Wir nähern uns der weltberühmten Grabstätte.

»Jetzt«, sagt Tal'at. Ich öffne die Augen. Der Anblick haut mich um. Wie oft habe ich diese Schöpfung von Menschenhand aus früher Zeit in Abbildungen gesehen. Jetzt stehe ich davor. Starr und stumm. Das haben Menschen geschaffen! Die gleiche Gattung Lebewesen, die sich überall in der Welt bekriegt, gegenseitig in die Luft sprengt? Wie passen menschliche Genialität und Dummheit zusammen? Könnten sie denn nicht das eine tun und das andere lassen?

Petra ist aufregend. Kein Ort des Zu-sich-Findens. Eher ein Ort der Schreihälse, des Gebrülls von Kamelen und derjenigen, die sie auf Trab halten, der lautstarken Touristenweisheiten für Kameraeinstellungen: »Hier her! – Nimm Weitwinkel – Könnten Sie mal meine Freundin und mich …? – Du hast Gegenlicht, da wird ja alles schwarz …!« Trotz Müdigkeit lasse ich mich zu einer »Petra-Nachttour« verleiten. Na schön! Der Platz vor der Grabstelle, der Weg dorthin, alles sehr nett mit kleinen Kerzenschälchen illuminiert, die in den Felsen gehauene Grabstätte selbst ist dunkel. Von irgendwoher erklingen Flötentöne, zu denen der Nacht-Guide mit gedämpfter Stimme alles noch mal erzählt, was du vom Tag-Guide schon gehört hast.

Zwei Tage bleiben mir noch. Schwimmen im Toten Meer. Auf dem Rücken und auf dem Bauch. Es stimmt – du musst dich nicht bewegen, das Salz trägt dich! Wie die Erinnerung an diese wunderbare Reise.

# INDIEN

Unermesslicher Reichtum –
unvorstellbare Armut

Indien ist ein Staat in Südasien, der sich aus 28 Bundesstaaten bildet. Der Himalaya stellt die natürliche Nordgrenze, der Indische Ozean umschließt im Süden das Staatsgebiet. Indien grenzt an Pakistan, Tibet, Nepal, Bhutan, Myanmar und Bangladesch. Sri Lanka und die Malediven sind weitere Nachbarstaaten im Indischen Ozean. Indien ist das zweitbevölkerungsreichste Land und nach Australien der siebtgrößte Staat der Erde.

Hauptstadt: Neu-Delhi

Amtssprachen: Hindi und Englisch (laut Verfassung sind 21 weitere Sprachen anerkannt)

Größe: 3.287.590 km²

Einwohnerzahl: ca. 1,2 Mrd.

Währung: Indische Rupie

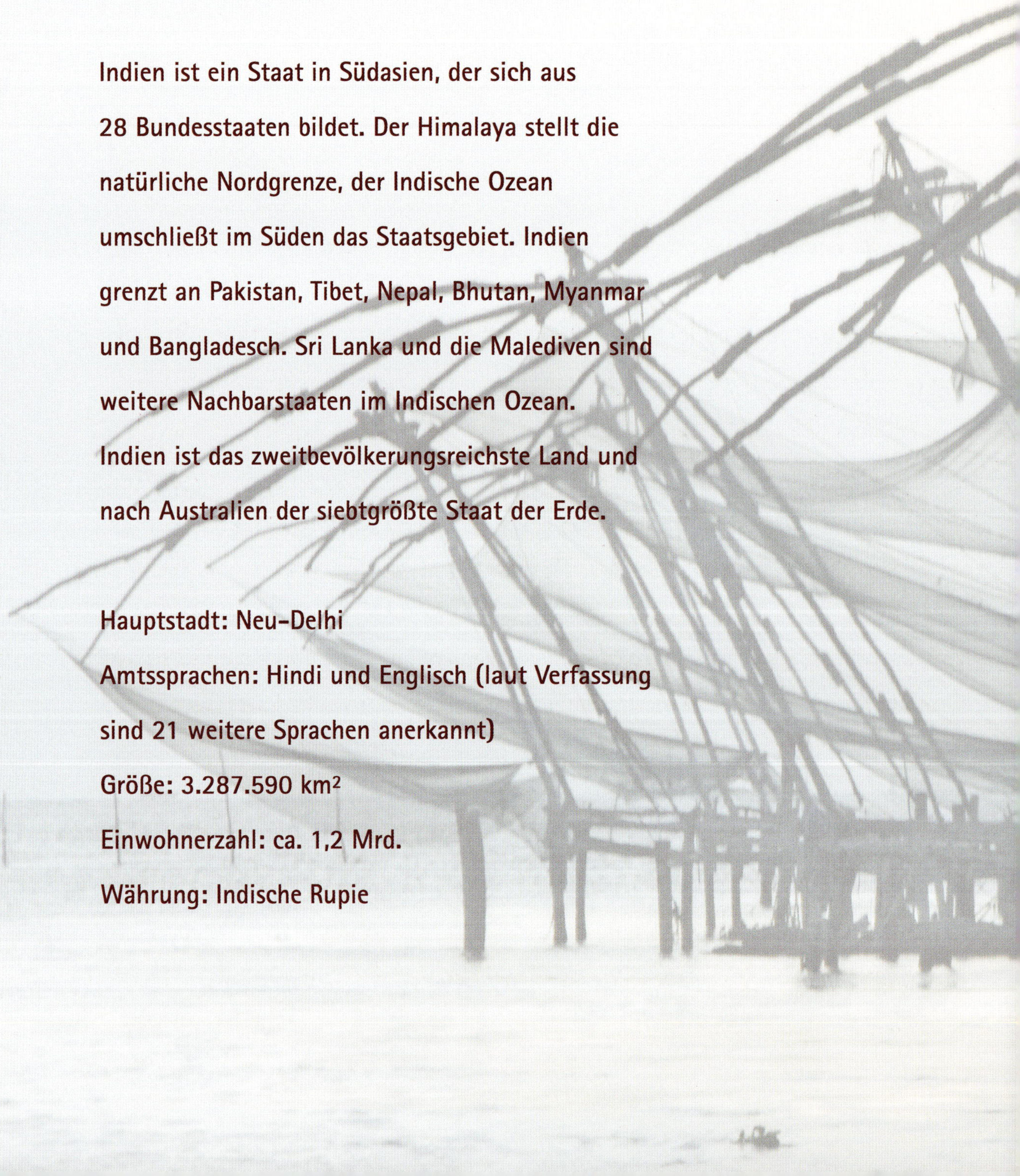

Mit gesammelten Vorurteilen plane ich eine Reise nach Indien. Kaum etwas, das einen nicht das Schlimmste erwarten lässt: Krankheiten jeder Art, Mangel an Hygiene, Hunger, Gewalttätigkeiten, religiöser Fanatismus, andere Mentalität. Über eine Milliarde Menschen, unsagbar reiche und unbeschreiblich arme. Heilige Kühe und »Unberührbare«.

Auf vielen Reisen habe ich gelernt: Wenn du alles sehen willst, siehst du nichts. Studiere vorher, wohin es geht, wie dort die Verhältnisse sind, und vor allem, wie viel Zeit du hast. Beschränke dich auf das, was du wirklich sehen willst. Planung entscheidet über Erfolg oder Reinfall bei einer Reise. Bist du unterwegs, ändere deine Pläne nur im Notfall, wenn höhere Gewalt oder überbuchte Flugzeuge dich dazu zwingen. Du kommst sonst gewaltig ins Schleudern.

Delhi. Der Verkehr in dieser Stadt ist der losgelassene Wahnsinn. Im alten Teil der indischen Metropole herrscht Chaos. Auch noch um Mitternacht. Normaler Verkehr bedeutet hier Autos Stoßstange an Stoßstange mit gewaltigem Hupkonzert, ein Gemisch aus Eselskarren, zwei- und dreirädrigen Rikschas, von Kulis und von Dromedaren gezogene Karren, stinkende und qualmende Mopeds, völlig überladene, wackelige Fahrräder. Lastwagen, richtige Rostlauben, die befürchten lassen, dass sie jeden Moment auseinanderfallen. Städtische Omnibusse, an denen die Passagiere nicht nur wie Bienenschwärme an der Außenseite hängen, nein, auch auf dem Dach sitzen sie dicht gedrängt und lassen ihre dünnen Beine über den Dachrand vor die darunter liegenden Fenster hängen. In diesem Chaos scheinen zwei Kategorien Verkehrsteilnehmer absolutes Vorfahrtsrecht zu genießen: Die Stärkeren – und

Heilige Kühe. Ehrlich, das muss ich nicht unbedingt haben; zwei Tage reichen. Beeindruckend fand ich die Freitagsmoschee, die jeden Freitags von etwa zwanzigtausend Gläubigen besucht wird. Auch das Grab Mahatma Gandhis stand auf dem Programm.

Bahnhöfe zählen schon in unseren Breitengraden nicht zu meinen Lieblingsorten. Aber hier, in Indiens Hauptstadt Neu-Delhi, kommst du vom Regen unter Umgehung der Traufe direkt in die Hölle. Es ist 05.15 Uhr morgens und es wimmelt bereits von Händlern, die schreiend ihre Waren anbieten. Bettler, in Scharen, versuchen mit stoischer Hartnäckigkeit ihr Glück bei den Reisenden. Alles, was sich bewegen kann, kommt hier an. Nur kein Zug. Fast zwei Stunden Warten auf den Zug, dann eine gute Stunde Warten im Zug, bevor es endlich ruckelnd losgeht nach Agra, um eines der Weltwunder zu erleben: Das Taj Mahal.

Ankunft in Agra. Der Bahnhof total überfüllt. Verzweifelt suche ich den Fahrer, der mich abholen soll. Plötzlich panikartiges Gedränge, Schreie, flüchtende Menschen. Was ist los, zum Teufel? Eigentlich gar nichts! Nur dass uniformierte Ordner mit schweren Holzprügeln blind auf die Menschenmenge einschlagen, lediglich, um sie vom Bahnhofsgelände zu vertreiben. Kontrastprogramm: Taj Mahal. Himmlische Ruhe nach Höllenlärm. Mahnmal der Liebe, Ort der Besinnung, von Menschenhand erschaffen, zeitlose Schönheit. Der Anblick allein ist die ganze Reise wert.

Über Jaipur, mit dem Palast der Winde, nach Mandawa, die Stadt an der Seidenstraße. Die prunkvollen Häuser einst erfolgreicher Seidenhändler verfallen langsam, aber sicher. Über Bikaner geht es weiter nach Jaisalmer, eine pittoreske Kleinstadt inmitten der Wüste Thar. Den dort spektakulären Sonnenuntergang erlebe ich auf dem wackeligen Rücken eines freundlichen Dromedars. Nächste und letzte Stationen: Jodhpur und Udaipur, mit ihren zu Hotels umgebauten Maharadscha-Palästen. Das ist dann Luxus pur. Die Rechnungen lassen den Reisenden tief durchatmen, aber man gönnt sich ja sonst nichts! Wie war das mit der Planung? »… denn erstens kommt es anders …« Plötzlich gab es die fest gebuchten Rückflüge nicht. Statt einer Erklärung erhielt ich nur heftiges Schulterzucken als Reaktion. Irgendwann in den letzten Tagen habe ich mir doch noch einen Darmvirus eingehandelt. Mit dem lande ich unfreiwillig wieder in Delhi.

Indien. Unermesslicher Reichtum – unvorstellbare Armut. Goldstrotzende Paläste – baufällige Hütten. Menschen in seidenen Gewändern und Menschen in zerrissenen Lumpen. Hände in weißen Handschuhen, die dich bedienen, schmutzige Hände, die sich dir bettelnd durch offene Autofenster entgegenstrecken. Ein Land, das sich mit mehr als einer Milliarde Menschen anschickt, eine der kommenden Weltmächte zu werden. Ich bin sicher nicht zum letzten Mal in Indien.

# NAMIBIA

Atemberaubend
schön

Die Republik Namibia ist ein dünn besiedelter Staat

im südlichen Afrika zwischen Angola, Sambia,

Botswana, Südafrika und dem Atlantischen Ozean.

Der Name leitet sich von der Wüste Namib ab, die

den gesamten Küstenraum des Landes einnimmt.


Hauptstadt: Windhoek

Amtssprache: Englisch

Größe: 824.116 km²

Einwohnerzahl: 2,1 Mio.

Währung: Namibia-Dollar

Flughafen Windhoek, 7.30 Uhr morgens. Nach zehn Stunden Nachtflug von München nicht gerade eine Tageszeit, zu der man besonders gut drauf ist – also ich wenigstens nicht.

»Hallo, Herr Fuchsberger, ich bin Sandra, und für die nächsten fünf Tage Ihre Pilotin!«

Vor mir steht eine junge Dame. Weiße Jeans, weiße Bluse. Auf den Schulterklappen vier goldene Litzen. Einsachtzig groß, blond, Mittelscheitel, fünfundzwanzig Jahre jung, schätze ich mal. Spricht perfekt Deutsch. Diese attraktive Erscheinung weckt schlagartig meine eingeschlafenen Lebensgeister.

Sie hält mir eine Flugkarte unter die Nase.

»Also, Herr Fuchsberger, ich denke, ich zeige Ihnen erst einmal unsere Flugroute rund um Namibia. Ich fliege eine Centurion.«

»Aha. Und lassen Sie mal den Herrn Fuchsberger weg – ich bin Tommy.«

»Sind Sie schon mit einmotorigen Flugzeugen geflogen?«

»Ich war so eine Art Navigator bei meinem Vater. Er flog vom Fieseler Storch über Piper, Swift und offene Doppeldecker so ziemlich alles, was Flächen hat.«

Sandra schien beeindruckt. Weniger von meinem Gepäck. Sie wirft einen schrägen Blick auf den klobigen, viel zu schweren Koffer, sagt aber nichts. Bei den kleinen Buschfliegern sind sechzehn Kilo pro Passagier erlaubt, mein Hartschalengerät bringt knapp über zwanzig Kilo auf die Waage.

Nach dem Kontrollgang rund um ihre Centurion klettert Sandra auf den linken Pilotensitz.

»Na, dann wollen wir mal. Ich denke, wir kommen gut zurecht miteinander.«

Sie grinst und schiebt den Gashebel bis zum Anschlag nach vorne. Dann geht es ziemlich steil nach oben, Richtung Onguma, in den Etosha-Nationalpark. Flugzeit: eine Stunde, vierzig Minuten.

Obwohl ich seit dem Abflug in München nicht eine Minute geschlafen habe,

fühle ich mich fit wie ein Turnschuh. Nach der Landung in Onguma registriere ich mit Freuden, dass Sandra nicht nur meine Pilotin, sondern auch meine »Tischdame« bei allen geplanten Mahlzeiten ist. Ich hätte es nicht besser treffen können.

Am nächsten Morgen dann die erste Safari. Sehr früh, vor Sonnenaufgang. Zuhause gehe ich normalerweise um diese Zeit ins Bett. Schon am Abend vorher soll man festlegen, womit man geweckt werden soll: Kaffee, Tee, Kakao? Was weiß denn ich, was ich am nächsten Morgen will? Meistens frühstücke ich überhaupt nicht. In Grünwald nehme ich selten an einer Safari vor Sonnenaufgang teil. Und überhaupt, ich bin nicht mit Tieren aufgewachsen und halte immer respektvollen Abstand.

Die Safari begeisterte mich dann aber sehr! Jede Menge Elefanten, Impalas, Giraffen, Zebras und herrliche bunte Vögel. Keine Leoparden, keine Löwen und keine Büffel.

Die angesetzte Abendsafari war dann eher enttäuschend, das Dinner mit Sandra dagegen ausgezeichnet. Was sie mir mitteilte war allerdings weniger begeisternd: »Wir müssen morgen um 5.00 Uhr starten. Ich fliege dich zur Okahirongo Elephant-Lodge, das liegt im Nordwesten Namibias, im abgeschiedenen Kaokoland. Danach fliege ich ein paar Russen von A nach B und wir treffen uns am Abend wieder.«

Der Anflug auf Okahirongo war atemberaubend. Später erklärte mir Guide James, der mich durch die Elephant-Lodge führte, dass die häufig auftretende Malaria von den Einheimischen mit Elefantenexkrementen behandelt wird. Die würden in eine Schüssel mit heißem Wasser gelegt, dann beuge man den

Kopf darüber und atme unter einer Decke die ausströmenden Dämpfe ein, das genüge den »Locals«, um die Malaria innerhalb eines Tages zu heilen. Da ist mir der Gin Tonic doch wesentlich lieber, mit dem sich die Engländer in der Kolonialzeit jahrzehntelang vor der heimtückischen Krankheit geschützt haben. Schon wieder Wecken um 4.00 Uhr. Das scheint mein Namibiaschicksal zu sein. Eine Ballonfahrt steht auf dem Programm, das will ich mir auf keinen Fall entgehen lassen! Gewarnt wurde ich vor der zu erwartenden Eiseskälte. Zwei Pullis und eine dicke Jacke – und trotzdem friere ich wie ein Schneider. Zwei Stunden über Sandpisten in stockdunkler Nacht – das war so ziemlich das Verrückteste bisher – dann standen wir, pünktlich zum Sonnenaufgang vor den zwei Heißluftballons. Vater Eric und Sohn Dennis sind die Ballonführer. Jeder Handgriff sitzt, es ist faszinierend zuzusehen, wie die bunten Hüllen aufgeblasen werden.

Eine Fahrt mit dem Ballon ist vielleicht die schönste Art zu fliegen. Völlig lautlos, nur unterbrochen durch die gelegentlichen Feuer-stöße aus dem Gasbrenner, um die Höhe zu halten. Der Ballon fliegt so schnell wie der Wind, der uns treibt. Sanft gleiten wir durch die Luft. Atemberaubend schöne Bilder der unendlichen Weite unter uns. Ein Traum, der jäh beendet wird: »Die Landung war etwas sportiv«, wie Dennis es ausdrückt. Bedeutet, dass der Korb zwar aufrecht auf dem Wüstensand aufsetzte, der Ballon durch den Wind aber weggedrückt wurde und wir umkippten. Der Vorteil daran: Das Aussteigen wurde bequemer.

Tradition nach einer Ballonfahrt am frühen Morgen ist das »Champagner-Frühstück«. Da kommt doch tatsächlich einer der Korbinsassen aus dem zweiten Ballon, schon leicht angeschickert, auf mich zu: »Ich habe Sie am Freitag im Kölner Treff bei Bettina Böttinger gesehen. Da haben Sie erzählt, dass Sie nach Namibia fliegen. Mensch, habe ich gesagt, ich auch. Vielleicht treffe ich Sie da. Und jetzt stehen wir hier in der Wüste und trinken Champagner! Mann oh Mann! Ich glaube es nicht!«

# BOTSWANA

# Vom Elefanten geküsst

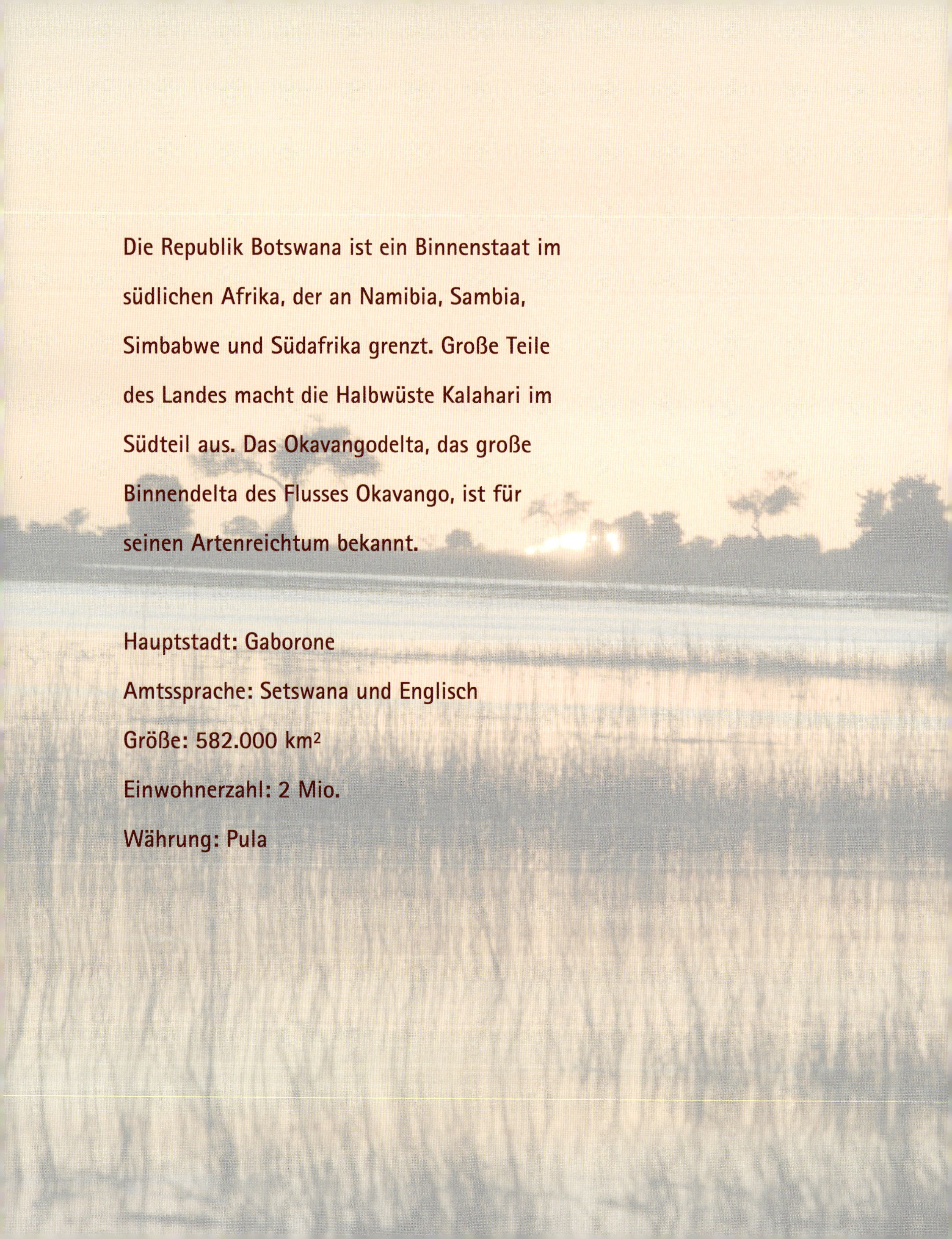

Die Republik Botswana ist ein Binnenstaat im südlichen Afrika, der an Namibia, Sambia, Simbabwe und Südafrika grenzt. Große Teile des Landes macht die Halbwüste Kalahari im Südteil aus. Das Okavangodelta, das große Binnendelta des Flusses Okavango, ist für seinen Artenreichtum bekannt.

Hauptstadt: Gaborone

Amtssprache: Setswana und Englisch

Größe: 582.000 km²

Einwohnerzahl: 2 Mio.

Währung: Pula

Das war der Plan: Mit Sandras Centurion um 6.30 Uhr Abflug zurück nach Windhoek, von dort um 9.45 Uhr, mit Air Namibia weiter nach Maun in Botswana. Wie gesagt, das war der Plan.

Die Nacht mit einigen lebenslustigen Südafrikanern war lang. Als ich am Morgen zu mir komme, zeigt die Uhr 8.15. Ich bin im Unterzucker, das erste Mal auf dieser Reise. Zum falschen Moment. Als ich mich wieder im Griff habe, sind alle Flüge weg, auch der Anschluss nach Botswana. Shit, was tun? In solchen Situationen setzt eine gewisse Routine ein. Telefonieren, rechnen, schnell entscheiden. Andere Maschinen zu chartern, das ist teuer, muss nun aber sein. Ärgerlich auch, dass ich mich nicht von Sandra verabschieden konnte. Ein anderer Pilot bringt mich in knapp vier Stunden nach Maun, Botswana. Nächster Tag. Verflixt, habe ich schon wieder meinen gebuchten Flug verpasst? Eine Stunde zu spät? Am Flugplatz ist kein Mensch zu sehen, der mich erwartet. Dann kommt jemand des Weges.

»Bist du mein Pilot?«

»Bestimmt nicht, aber da drüben sitzt einer im Café, frag den doch mal!«
Auf dem Weg zum Kaffeeschlürfer entdecke ich eine Uhr. Die Zeitumstellung! Der Kaffeeschlürfer sieht mich etwas gelangweilt an.

»Are you my pilot?«

Er nickt grinsend, fragt, ob ich auch einen Kaffee möchte. Der Tag und Botswana scheinen gerettet.

Es folgen zehn Minuten Flug zu »Stanley's Camp« im Okavangodelta. Dort herrscht ein gewisser Douglas, Amerikaner, über ein paar beachtliche Elefanten, die er vor dem Tod durch Abschuss bewahrt hat. Jetzt führt er sie den

Gästen vor, der Länge und der Breite nach, in allen Einzelheiten. Wie viele Zähne sie haben, die sensiblen Haare am Rüssel, was sie mit dem alles machen, wie viele Töne sie von sich geben und was diese bedeuten usw., usw. … Das Ganze dauert vier Stunden und endet mit einem Lunch im Busch – mit den Elefanten. Ein komisches Gefühl beschleicht mich. Muss ich wirklich einen Rüssel auf den Schultern balancieren? Muss ich eine Elefantenzitze

berühren, um zu spüren, wie sie sich anfühlt? Muss ich mir wirklich zum

Schluss ein »Bussi« von einem Elefantenrüssel auf die Backe drücken lassen?

Sein lebensrettender Einsatz für die Elefanten in allen Ehren, wie er sie jetzt

tierisch vorführt, sehe ich mit gemischten Gefühlen.

Auf den weiteren Stationen zeigt sich Botswana von seiner besten Seite, zeigt

alles, was es zu bieten hat. Löwen im Unterholz und hinter Termitenhügeln.

Löwen, die einen Flusslauf durchqueren. Zum Glück ist das Okavangodelta seit fünfzig Jahren zum ersten Mal so wasserreich überschwemmt, dass wir eine Mokorofahrt in einer Art Gondel mit flachem Tiefgang erleben. Es scheint das Reich der Frösche zu sein. Sie quaken mit einem Höllenlärm und sitzen sich recht fotogen auf Schilfrohren gegenüber.

Fazit dieser Reise nach Namibia und Botswana: Namibia ist Landschaft, Botswana sind die Tiere. Ich habe viel gelernt, aber ein Gedanke wird auf einer solchen Reise immer stärker: Auf diesem gewaltigen Kontinent Afrika hungern und dürsten Millionen von Menschen, sterben an Krankheiten, die zu besiegen, ihnen die Mittel fehlen. Ich erinnere mich an einen Auftritt von Ludwig Bölkow in der ARD-Talkshow »Heut' Abend …« vor vielen Jahren: »Es müsste heute kein Mensch mehr auf der Erde verhungern oder verdursten, wenn wir das, was unser Globus uns bietet, richtig verteilen würden. Alle Probleme wären durch die drei Buchstaben ›A-E-T‹ zu beseitigen. ›A‹ für Agrikultur, ›E‹ für Energie und ›T‹ für Transport. Wir erzeugen Lebensmittel und vernichten sie wieder, um die Preise nicht zu verderben, anstatt sie dorthin zu transportieren, wo Menschen verhungern. Wir vergeuden unsere natürlichen Ressourcen, statt Sonnen-, Wind- und Wasserenergie zu sammeln und sie dorthin zu transportieren, wo sie im Übermaß verbraucht werden. Nach den Prinzipien der Gewinnmaximierung rechnet sich das aber leider nicht. Das wird sich rächen, wenn wir nicht vernünftig werden.«

Ob wir das irgendwann werden?

# WAS BLEIBT

»Die Zeit heilt Wunden«, heißt es. Tut sie das wirklich? Wenn man noch genug davon hat – vielleicht. Unsere Zeit geht langsam, aber sicher zu Ende. Der Rest gehört den Erinnerungen an unseren Sohn.

Nicht lange vor seinem Tod fanden Tommy's Kinder Jenny und Julien zu ihrem Vater – nach über 20 Jahren der sprachlosen Trennung. »Ich war noch nie so glücklich wie jetzt«, sagte er seinen Freunden und uns.

Wir wollen uns hüten, ihm einen Heiligenschein aufzusetzen. Das nicht, aber er war die Freude unseres Lebens und das Licht unseres Alters. Erst nach seinem Tod haben wir erfahren, dass er bereits geplante Reisen nicht mehr antreten wollte. Seine Begründung: »Ich muss etwas mehr auf meine Eltern aufpassen, denen geht es manchmal nicht so besonders.«

An seinem 50. Geburtstag wünschte ihm seine Tante Erika, die Frau meines Bruders Otmar, ein langes und gutes Leben.
»Lang muss es nicht sein, aber gut«, antwortete er lachend.
Wenn er es so sieht, von dort, wo er jetzt ist, wollen wir zufrieden sein, aber der Schmerz bleibt.

# BIOGRAFIE

Thomas Fuchsberger wurde 1957 in Gräfelfing geboren. Nach dem Abitur 1977 studierte er Musik am Richard Strauss Konservatorium in München und wechselte 1979 zum Berklee College of Music in Boston. Parallel zu seinem Studium begann Thomas Fuchsberger bereits in Nashville, Tennessee, mit Schallplattenaufnahmen. Nach seiner Rückkehr nach Deutschland nahm er 1981 und 1982 an der deutschen Endausscheidung für den Grand Prix de la Chanson teil. 1981 erhielt er seinen ersten Plattenvertrag. Dem folgten 35 Singleveröffentlichungen, darunter »Black & White« (1984), die erste englischsprachige Rap-Veröffentlichung aus Deutschland, Top-Ten Hit in Deutschland, Österreich und der Schweiz, sowie 10 Longplayveröffentlichungen, darunter »Glaub an dich selbst«, »PATTO«, »Valet-Parking«, »Trouble Boys I + II« sowie »Mondo Tiziano« und das »Didgeridoo-Projekt«.

Seit 1985 war Thomas Fuchsberger auch sehr erfolgreich als Filmkomponist tätig. So schrieb er unter anderem den Score zu »Abenteuer Bangkok« mit Armin Müller-Stahl (ZDF) und für die WDR-Spielshow »Pssst«, die Harald Schmidts bundesweiten Durchbruch bedeutete, komponierte er die Titelmusik. Zu »Ein Schloss am Wörthersee« steuerte er einige Instrumentalstücke bei, zwei davon wurden 1994 auf dem Soundtrack zur Serie veröffentlicht. Des Weiteren trat Thomas Fuchsberger auch immer wieder als Komponist für erfolgreiche Werbefilmkampagnen in Erscheinung, so für Kraft, Margaret Astor, Mercedes Benz, Jacobs, BMW, L'Oreal, Burda etc. Eine besondere Leidenschaft teilte Thomas Fuchsberger mit seinem Vater Joachim »Blacky« Fuchsberger – die Liebe zum fünften Kontinent Australien.

Insgesamt 21 Folgen der legendären Reiseserie »Terra Australis« wurden ab 1988 gedreht. Für alle Folgen schrieb Thomas Fuchsberger die Filmmusik und fungierte seit 1990 auch als Standfotograf der Serie, womit er eine weitere Leidenschaft integrieren konnte: das Fotografieren. Ab 2001 saß er dann zusätzlich noch im Regiestuhl der Serie. 1996 veröffentlichte er den Soundtrack zur Serie in Kooperation mit dem Bayerischen Rundfunk und brachte 1997 seine erste Buchveröffentlichung als Fotograf heraus. Zusammen mit seinem Vater als Autor veröffentlichte er den Titel »In 47 Tagen rund um Australien«.

Zahlreiche Veröffentlichungen als Fotograf, Autor und Herausgeber von Kochbüchern für Diabetiker, verbunden mit fortlaufender Medienpräsenz ließen Thomas Fuchsberger allerdings kaum noch Zeit, seiner eigentlichen Passion – der Musik – nachzugehen. Erst nach einigen Jahren der Musikabstinenz entschloss er sich 2008, zu seinen Wurzeln zurückzukehren, und veröffentlichte seinen Longplayer »Gefühlsecht«.

Ab 2003 bis zu seinem Tod im Oktober 2010 arbeitete er kontinuierlich als Reisejournalist für unterschiedliche Auftraggeber. U.a. erschienen seine Berichte auch in dem Diabetes-Journal »feel free«.

Aus Anlass des alljährlich stattfindenden Weltdiabetestages am 14. November verleiht die Deutsche Diabetes Gesellschaft erstmalig im Jahr 2011 den »Thomas-Fuchsberger-Preis« an Menschen, die sich im Kampf gegen die gefährliche Volkskrankheit verdient gemacht haben.

# Thomas Fuchsbergers Reisen führten ihn in insgesamt 62 Länder

| | | |
|---|---|---|
| Ägypten | Japan | Schweden |
| Argentinien | Jordanien | Schweiz |
| Australien | Kambodscha | Seychellen |
| Bahamas | Kanada | Singapur |
| Barbados | Kuba | Spanien |
| Bermudas | Laos | Sri Lanka |
| Botswana | Libanon | Südafrika |
| Brasilien | Malaysia | Südkorea |
| Chile | Malediven | Thailand |
| China | Marokko | Tschechische Republik |
| Costa Rica | Mauritius | Tunesien |
| Ecuador | Mexico | Türkei |
| Fidschi | Monaco | Ungarn |
| Finnland | Myanmar (Birma) | Vanuatu |
| Frankreich | Namibia | Vereinigte Arabische Emirate |
| Griechenland | Neuseeland | Vereinigte Staaten von Amerika |
| Guatemala | Norwegen | Vietnam |
| Honduras | Österreich | Vereinigtes Königreich |
| Indien | Peru | |
| Indonesien | Portugal | |
| Irland | Russland | |
| Italien | Rumänien | |

Bibliografische Information der Deutschen Nationalbibliothek
Die Deutsche Nationalbibliothek verzeichnet diese Publikation in der Deutschen Nationalbibliografie;
detaillierte bibliografische Daten sind im Internet über http://dnb.d-nb.de abrufbar.

Nachweis der Fotos, die nicht aus dem Privatbesitz der Familie Fuchsberger stammen:

Covermotiv: Schneider-Press/Wolfgang Breiteneicher, Klappe: Schneider-Press/Erwin Schneider.

Seiten 18/19: picture alliance/Andreas Keuchel.

Seiten 22/23 und 88/89: Peter Bischoff.

Trotz intensiver Bemühungen ist es nicht bei allen Fotos gelungen, mögliche Rechteinhaber ausfindig zu machen. Wir sind für entsprechende Hinweise dankbar. Rechtsansprüche bleiben gewahrt.

MIX
Papier aus verantwor-
tungsvollen Quellen
FSC® C011124
FSC
www.fsc.org

Verlagsgruppe Random House
FSC-DEU-0100
Das für dieses Buch verwendete FSC-zertifizierte Papier *Primaset*
liefert Grycksbo Paper AB, Schweden.

1. Auflage
Copyright © 2011 by Gütersloher Verlagshaus, Gütersloh, in der Verlagsgruppe Random House GmbH, München

Druck und Einband: Mohn Media Mohndruck GmbH, Gütersloh
Printed in Germany
ISBN 978-3-579-06678-3
www.gtvh.de